Marion Giebel **ROSEN UND REBEN**

Marion Giebel

ROSEN UND REBEN Gärten in der Antike

Die Deutsche Nationalbibliothek verzeichnet diese Publikation in der Deutschen Nationalbibliografie; detaillierte bibliografische Daten sind im Internet über http://dnb.d-nb.de abrufbar.

Das Werk ist in allen seinen Teilen urheberrechtlich geschützt. Jede Verwertung ist ohne Zustimmung des Verlags unzulässig. Das gilt insbesondere für Vervielfältigungen, Übersetzungen, Mikroverfilmungen und die Einspeicherung in und Verarbeitung durch elektronische Systeme.

© 2011 by Primus Verlag, Darmstadt
Die Herausgabe des Werkes wurde durch die Vereinsmitglieder der WBG ermöglicht.
Gedruckt auf säurefreiem und alterungsbeständigem Papier

Einbandgestaltung: Jutta Schneider, Frankfurt
Einbandmotiv: Wandmalerei aus der Casa del Bracciale d'Oro
Pompeji, 1. Jh. und *rosa centifolia*.
Redaktion: Franziska Heckert, Darmstadt
Gestaltung und Satz: mm design, Mario Moths, Marl
Printed in Germany
www.primusverlag.de
ISBN: 978-3-89678-737-8

Lizenzausgabe für die WBG (Wissenschaftliche Buchgesellschaft), Darmstadt
Einbandgestaltung: Peter Lohse, Heppenheim
Einbandmotiv: Gartenmalerei aus der Villa der Livia
Bild: © akg-images/Erich Lessing
www.wbg-wissenverbindet.de
ISBN 978-3-534-24276-4

Elektronisch sind folgende Ausgaben erhältlich:
eBook (epub): ISBN 978-3-89678-714-5
eBook (epub): ISBN 978-3-534-72298-3 (für Mitglieder der WBG)

INHALT

  6 Einleitung

  8 Mythische Gärten – Mit Herkules zu den Hesperiden

16 Persische „Paradiese" und
ein Weltwunder – Gärten im Orient

21 „Heilige Heine" – Götter und Philosophen im
alten Griechenland

32 Von Rüben zu Rosen – Gärten im alten Rom

117 Anhang
118 Anmerkungen
125 Literatur
128 Bildnachweis

EINLEITUNG

Das Paradies ist ein Garten – der Garten ist ein Paradies. Und das gilt auch heute noch, denn Gärten und Gartentage sind „in". Ob im Ambiente eines Schlosses, eines Klosters oder auf der grünen Wiese – es werden Erlebnisgärten aller Art geboten, als Erholungsoasen mit Wellnessbereichen, als Blütenzauber oder als Gartenreiche fernöstlicher Länder. Gartendesigner zeigen in Showgärten, wie sich der Gartenfreund zu Hause sein ganz persönliches Paradies schaffen kann. Und das nicht nur mit üppigem Blumenflor, sondern im Zeichen des gesunden Lebensstils auch mit Anbau von Bio-Obst und -Gemüse. Also ganz so, wie es auch in der Antike gepflegt wurde, als Schöngeister und Praktiker ihren Boden bearbeiteten und das Schöne mit dem Nützlichen verbanden.

Man kann aber nicht nur Urlaub im eigenen Garten machen, sondern auch auf Reisen berühmte Gartenanlagen besichtigen, in England, aber auch in unseren Breiten, wie in Wörlitz, das der dortige Fürst im 18. Jahrhundert zu einem

Park- und Gartenreich gestaltet hat[1], das Goethe als einen Traum bezeichnete.

Einen Besuch lohnen auch die ausgedehnten Schloss- und Parkanlagen von Kassel-Wilhelmshöhe, bekrönt von der auf einem riesigen Oktogon stehenden Figur des Herkules. Der Held ist hier im Typus des Herakles Farnese dargestellt, nicht der jugendliche Raufbold und Kraftmeier, sondern der von seinen „Herkulesarbeiten" Ermüdete, der sich zum Ausruhen auf seine Keule stützt. Von seiner Entstehungszeit in der Antike bis zur Neuzeit war dieser Typus beliebt, als Allegorie des Herrschers, der sich im Dienste seiner Untertanen abmüht, wie einst der mythische Held sich verdient machte mit seinen berühmten zwölf Arbeiten.

Herkules als Sinnbild heldenhafter Tugend ging zurück auf den Mythos von „Herkules am Scheideweg": Dem jungen Mann begegneten zwei Frauen, die ihn für sich gewinnen wollten. Die eine, geschminkt und herausgeputzt, nannte sich die Lust, die andere, schlicht und würdig gekleidet, die Tugend. Die Lust versprach ein Leben in Genuss und Müßiggang, während die Tugend Ruhm und Ehre nur aufgrund von Mühen und Arbeiten in Aussicht stellte. Herkules wählte den steilen Pfad, der ihn schließlich zum musterhaften Helden machte.

1
MYTHISCHE GÄRTEN – MIT HERKULES ZU DEN HESPERIDEN

Der griechische Heros, der da auf die Park- und Gartenanlagen von Wilhelmshöhe herabblickt, kann auch ein Führer ins grenzenlose Reich der Gärten sein, wie sie uns die Antike bezeugt. Dazu gehören keineswegs nur Anlagen mit Blumenrabatten oder Gemüsebeeten; Gärten sind idyllische Orte mit Bäumen und Quellen, Rebenpflanzungen und heilige Haine, Parkanlagen – und mythische Gärten im Zauberland, wie der Garten, zu dem uns Herkules führt. In seiner rechten Hand, im Rücken, hält er nämlich wichtige Mitbringsel von seiner letzten, der elften seiner zwölf Arbeiten: die Äpfel aus dem Garten der Hesperiden.[2]

Der böse König Eurystheus, in dessen Dienst Herakles seine Arbeiten verrichten musste, hatte ihm befohlen, diese Äpfel zu holen, ohne ihm zu sagen, wo er sie finden könne. Er wusste es wohl selbst nicht, hatte nur von diesen Wunderdingen gehört, die ewige Jugend, Unsterblichkeit oder einfach das Glück bescheren sollten. Herakles geriet auf seiner

Suche zum Kaukasus, zum Felsen, an den Prometheus geschmiedet war, als Strafe von Zeus, weil der Titan sich gegen ihn aufgelehnt und den Menschen das Feuer gebracht hatte. Ein Adler kam täglich und fraß an seiner Leber, die ständig nachwuchs. Herakles tötete den Adler mit seinen unfehlbaren Pfeilen und befreite Prometheus, der ihn zum Dank über die Hesperiden aufklärte. Sie sind göttliche Wesen, die Töchter der Nacht und des Dunkels und wohnen ganz im Westen, gegen Abend (*Hésperos*). In ihrem Garten steht ein Baum mit goldenen Äpfeln, den einst die Erdgöttin Gaia wachsen ließ, als Geschenk für Hera zu ihrer Hochzeit mit Zeus. Der grimmige Drache Ladon bewacht die wunderkräftigen Äpfel, und es liegt ein Fluch über dem, der sie raubt.

Prometheus riet Herakles, sich der Hilfe des Atlas zu versichern, der dort im Westen, an den Grenzen des Ozeans, das Himmelsgewölbe trägt. Herakles machte sich auf die Reise und traf schließlich den Riesen Atlas, auch er wie Prometheus aus dem Geschlecht der Titanen, die, im Kampf mit den olympischen Göttern unterlegen, von Zeus bestraft worden waren. Herakles befolgte den schlauen Rat des Prometheus und bat Atlas, ihm drei Äpfel aus dem Garten der Hesperiden zu pflücken, er selbst wolle währenddessen das Himmelsgewölbe tragen. So geschah es, doch als Atlas mit den Äpfeln zurückkam, wollte er Herakles die Last nicht wieder abnehmen. Der aber erklärte, er wolle sich nur den Kopf etwas polstern, solange solle Atlas noch einmal das Himmelsgewölbe stützen. Dieser ging darauf ein, doch Herakles nahm die Äpfel und machte sich eilends davon. Eine Metope vom Tempel von Olympia zeigt, wie die Göttin Athene den Helden stützt, während er den Himmel trägt und Atlas mit den Äpfeln herbeikommt. Vielleicht hat sie, die kluge Göttin, ihm auch die List eingegeben, mit der er den Riesen bezwang.

Ein Vasenbild zeigt eine andere Version: Herakles sitzt im Garten, um ihn drei schön gewandete Mädchen, die Hesperiden, von denen eine gerade dabei ist, einen Apfel von einem Baum abzupflücken, ohne Angst vor der Schlange, die sich um den Baum ringelt. Auch ist überliefert, dass Herakles selbst die Äpfel raubte, nachdem er den Drachen getötet hatte. Offenbar wollte man eine Darstellung des Helden, der ganz auf sich gestellt als Kraftmensch das Abenteuer besteht:

Auch zu den singenden Mädchen
In die Gefilde des Abends kam er,
Um von den goldenen Blättern die Früchte der
Goldenen Äpfel zu pflücken,
Erschlug den purpurschuppigen
Drachen, der unnahbar sie bewacht in weiten Kreisen.[3]

Im *Argonauten*-Epos des hellenistischen Dichters Apollonios Rhodios aus dem 3. Jahrhundert v. Chr. kommen die Argonauten auf ihrer Irrfahrt auf dem Weg in die Heimat dürstend in der libyschen Wüste an. Hier erfahren sie von den Hesperiden, des wichtigen Wassers wegen als Nymphen bezeichnet, dass Herakles gerade da war. Er ist ja ihr Kamerad und Weggenosse, hat ihr Schiff, die *Argo*, aber unterwegs verlassen. Die göttlichen Mädchen haben den Helden zwar nicht in guter Erinnerung, erweisen sich aber als mitleidig gegenüber den Notgelandeten. Aigle, eine von ihnen, berichtet Folgendes:

Wahrlich, sehr zum Heil für euch, ihr Kummerbeladnen,
Kam der Unhold hierher, der dann dem hütenden Drachen
Erst das Leben raubte und der Göttinnen goldene Äpfel
Pflückte und mit sich nahm und düsteren Gram uns zurückließ. [...]
Kam doch jener auch, zu Fuß die Erde durchwandernd,

Herkules hat die Äpfel aus dem Garten der Hesperiden geholt.
Bergpark Kassel-Wilhelmshöhe.

Mythische Gärten | 11

Durstgedörrt hierher und spähte rings in der Gegend
Gierigen Blicks nach Wasser und konnte doch keines gewahren.
Hier ist aber ein Fels, ganz nah dem Tritonischen Teiche,
Den betrachtete er, vielleicht auf Wink einer Gottheit,
Stieß mit dem Fuße ihn unten, und Wasser entströmte in Menge.
Er aber warf auf die Brust und beide Hände sich nieder,
Und aus dem Felsspalt trank er unersättlich, bis dass er
Niedergebeugt wie ein Rind den riesigen Magen gesättigt.[4]

Und die Argonauten freuen sich, dass Herakles selbst aus der Ferne noch etwas für seine Freunde getan hat.

Die Lokalisierung des Hesperidengartens nicht mehr in märchenhafter Ferne, sondern in Libyen, in der Landschaft um Kyrene, der Kyrenaika, hing mit der Kolonisation der Gegend durch griechische Siedler aus Thera-Santorin zusammen, die 631 v. Chr. die Stadt Kyrene gegründet hatten[5] und sich ihren eigenen Mythenschatz schufen.

Jedenfalls besaß Herakles die goldenen Äpfel und brachte sie dem König Eurystheus. Als dieser jedoch hörte, dass ein Fluch auf ihnen lag, gab er sie dem Herakles wieder, und dieser reichte sie seiner göttlichen Helferin Athene weiter. Diese, klug wie sie war, brachte sie in den Garten der Hesperiden zurück.

DIE GÄRTEN IN DER „ODYSSEE"

Der Riese Atlas ist der Vater der Nymphe Kalypso, der Göttin, die Odysseus auf seinen Irrfahrten aufnimmt und ihn bei sich behalten will, obwohl der Held sich nach seiner Gattin Penelope und seiner Heimat Ithaka sehnt. Als die Götter endlich seiner Heimkehr zustimmen, wird der Götterbote Hermes entsandt, um Kalypso zu verkünden, dass sie den Helden ziehen lassen muss. Hermes fliegt hinab zur Insel Ogygia, und selbst er, der Gott, der alles sieht und kennt, schaut bewundernd auf die idyllische Umgebung der Grotte, in der die Nymphe wohnt:[6] Hier ist ein Hain mit üppigem Grün von Bäumen, in denen Vögel wohnen, ein Weinstock mit Schatten spendenden Ranken, behängt mit purpurnen Trauben. Quellen mit silberhellem Wasser ergießen sich durch saftig grüne Wiesen mit bunten Blumen. So schön ist es hier in diesem Göttergarten (der wohl von selbst blüht und gedeiht), und doch will Odysseus nicht bleiben, auch angesichts eines weiteren Gartenwunders nicht.

Er hat Kalypso verlassen; auf einem selbst gebauten Floß ist er zwar der Heimat näher gekommen, aber dem Zorn des Meeresgottes Poseidon nicht entgangen. Als Schiffbrüchiger landet er an der Küste der Insel Scheria (die man gerne mit Korfu identifiziert) und begibt sich, mit Unterstützung der Königstochter Nausikaa, zum Palast des Königs Alkinoos, von dem er sich Hilfe erhofft. Er ist in Gedanken versunken, überlegt sich eine Strategie, bleibt aber dann staunend stehen angesichts des glänzenden Palastes und eines herrlichen Gartens:

> *Große Bäume stehen darin in üppigem Wachstum,*
> *Apfelbäume mit glänzenden Früchten, Granaten und Birnen*
> *und auch süsse Feigen und frische grüne Oliven. [...]*
> *Dort ist ihm [dem König] gepflanzt ein üppiges Rebengelände;*
> *Hier auf ebenem Platz zum Trocknen werden die Trauben*
> *In der Sonne gedörrt, dort ist man gerade beim Ernten;*
> *Dort beim Treten der Trauben, doch vorne sind sie noch unreif,*
> *Stoßen die Blüten ab, und andere färben sich eben.*
> *Dort sind auch Gemüsebeete am Rande des Weinbergs*
> *Mannigfach in Reihen gepflanzt, das ganze Jahr prangend.*
> *Drin sind auch zwei Quellen; die eine verteilt sich im ganzen*
> *Garten; die andere läuft jedoch unter der Schwelle des Hofes*
> *Hin zum hohen Haus; dort holen die Bürger das Wasser.*[7]

Eine so üppige Vegetation, mit ständigem Wachsen und Ernten – das muss ein Zaubergarten sein, wie ja die Phäaken auch Züge von Über- oder Außerirdischen tragen. „Alkinoosgärten" wird zum Namen für besonders schöne Gartenreiche, wie Gartenanlagen beim Apollonheiligtum von Daphne bei Antiochia in Syrien.[8] Noch Goethe wähnt sich auf Sizilien in einem solchen Garten und besorgt sich eine *Odyssee*, um die Schilderungen nachzulesen.

Doch wie gesagt – Odysseus will nicht bleiben. Dabei ist seine Heimatinsel karg – sein Sohn Telemach, der Kunde einholen will von seinem verschollenen Vater, muss die edlen Pferde ablehnen, die ihm der König Menelaos in Sparta als Gastgeschenk geben will, denn Ithaka hat keine schönen grünen Weiden, taugt eher für Ziegen als für Pferde, sagt Telemach, aber es ist die Heimat. Einen Garten gibt es dort auch, und auch hier steht Odysseus angerührt, freilich aus einem ganz anderen Grund. Er ist endlich heimgekommen, hat die Freier getötet, die sein Haus besetzt hatten, nun muss er aber noch kriegerische Auseinandersetzungen fürchten und hat sich deshalb mit seinem Sohn und zwei Getreuen hinaus aufs Land begeben, wo sein alter Vater Laertes ein Gut bewirtschaftet. Er lässt die anderen ins Haus gehen, er, der ewig Listenreiche aber will seinen Vater auf die Probe stellen, ob er ihn noch erkennt.[9]

Er trifft ihn allein im Garten: Alt geworden, von Kummer gebeugt, in einem schmutzigen, geflickten Rock gräbt er und setzt Pflanzen um. Odysseus kommen die Tränen, aber trotz seines Mitleids kann er es nicht lassen, als Fremder aufzutreten und dem Vater die Lügengeschichte von einem angeblichen Besuch des Odysseus bei ihm vor fünf Jahren aufzutischen. Doch als Laertes daraufhin den sicheren Tod des Sohnes bejammert, hält es Odysseus nicht mehr. Er gibt sich zu erkennen, aber nun fordert der Vater Erkennungszeichen, bevor er dem perfekten Lügner glaubt. Odysseus nennt dem Vater die Bäume, die dieser ihm als Knabe geschenkt hat: Apfel-, Birn- und Feigenbäume und auch Reben, an denen die Trauben früher und später reifen. Obwohl Laertes, der einstige König von Ithaka, hier wie ein heruntergekommener Landadliger wirkt, hält er seinen Betrieb in Ordnung, samt den Knechten und der Haushälterin. Und wenn sich Odysseus erinnert, wie der Vater mit ihm als Kind durch die Pflanzungen ging, ihm die Namen aller Bäume nannte und ihm eine ganze Anzahl von Obstbäumen schenkte, offenbar mit Pflegeanleitung, da zeigt sich, dass Laertes schon in den guten Zeiten, vor dem erzwungenen Rückzug aufs Land, Freude hatte an einem „wohl bestellten Garten", und die Freude daran dem Sohn weitergeben wollte.

2

PERSISCHE „PARADIESE" UND EIN WELTWUNDER – GÄRTEN IM ORIENT

Gärten anzulegen und sie mitunter sogar mit eigener Hand zu bestellen, das ließen sich auch gekrönte Häupter nicht nehmen. Gerade im Orient, wo das Klima die Anlage von Gärten nicht begünstigte, suchte man der Natur besonders prächtige Anlagen abzutrotzen. Das Vorbild waren die Oasen, wo es mitten in der Wüste oft fruchtbare Streifen Land mit genügend Wasser gab, die landwirtschaftlich genutzt werden konnten, wie die Oase Siwa in Ägypten, oder die als Rastplätze an den Karawanenwegen dienten. Durch eine besondere Technik der Wassergewinnung und Speicherung (Qanat), wie sie heute noch etwa in der syrischen Oasenstadt Palmyra zu sehen ist, konnten sich die orientalischen Könige ihre eigene Oase schaffen, einerseits ausgedehnte Parks mit jagdbarem Wild, und andererseits Gärten an ihren Palästen oder Residenzen. Die Griechen bewunderten solche Anlagen und nannten sie nach einem ähnlich klingenden persischen Wort *parádeisos*: Paradies. So ist der Begriff auch in die griechischsprachigen

Bücher der Bibel eingegangen, während in den älteren hebräischen vom Garten Eden die Rede ist.[10]

Die persischen Könige haben ihre *Parádeisoi* besonders gepflegt; neben großen Wildparks, die als Jagdreviere genutzt wurden, legten sie auch gerne Baumgärten an. Besonders beliebt war die Platane, wegen ihrer majestätischen Größe und Schönheit, aber auch wegen ihrer Fähigkeit, sich das Wasser aus großer Tiefe zu ziehen. König Xerxes fand auf seinem Feldzug gegen Griechenland in Kleinasien Zeit für eine solche Schönheit am Wege:

> *An seiner Heerstraße traf Xerxes auf eine Platane, die er um ihrer Schönheit willen mit goldenem Schmuck beschenkte und einem der „Unsterblichen" [einem Offizier aus seiner Leibgarde] als Wächter anvertraute.*[11]

„Ombra mai fu […] – Nie war der Schatten eines Baumes teurer und lieblicher, oder sanfter," singt Xerxes, unter einem Baum, wohl dieser Platane, sitzend, in Händels Oper *Xerxes* (das berühmte Largo).

GARTENARBEIT ALS FÜRSTLICHES VERGNÜGEN

Wir hören aber auch von einer besonderen königlichen Liebhaberei. Der Perserprinz Kyros der Jüngere empfing eines Tages in Sardes den Spartanerführer Lysander und nahm ihn zum Zeichen seines Wohlwollens mit zu einem *Parádeisos*, einem eingezäunten Stück Land.

Da standen hoch gewachsene Bäume in Reih und Glied, Blumen dufteten, und das Erdreich war sorgsam gepflegt. Lysander ist voller Bewunderung und lobt Kyros gegenüber den ordentlichen und einfallsreichen Gärtner, den er da habe. Da freut sich Kyros und entgegnet:

„Aber das habe ich doch alles selbst so angelegt und selbst angepflanzt!" Lysander schaut den Prinzen an, mit seinen Prunkgewändern, die von Gold und Edelsteinen strahlen, und ist skeptisch: „Du hast das alles mit eigener Hand gepflanzt?" „Ja wahrhaftig, ich versichere dir, ich setze mich niemals zu Tisch, bevor ich mich nicht tüchtig ausgearbeitet habe, entweder bei militärischen Übungen oder bei der Landarbeit."[12]

Xenophon erzählt dies sicher mit einiger Wehmut, denn der hochgeborene Gartenfreund ist jener Kyros, mit dem er als Mitglied einer Söldnertruppe auszog, um ihm den Perserthron zu verschaffen, was bekanntlich missglückte. Doch die Geschichte ist so schön, dass sie auch Cicero noch dem alten Cato in den Mund legt, als dieser die Freuden des Landlebens preist. Wenn da ein Prinz sich nicht zu schade war, selbst zu graben und zu pflanzen, sollten sich auch die römischen Senatoren nicht scheuen, auf ihren Landgütern selbst mit anzufassen.

EIN GARTEN ALS „WELTKULTURERBE"

Eine orientalische Gartenanlage gehört sogar zu den sieben Weltwundern: die Hängenden Gärten in Babylon, die der Königin Semiramis zugeschrieben werden, aber eher von König Nebukadnezar II. stammen. Die Königsstadt am Euphrat, das biblische Babel, steht sogar zweimal in der Liste der Weltwunder, und zwar auch mit ihren Mauern, der von Nebukadnezar II. (um 605–562 v. Chr.) riesig ausgebauten Stadtmauer, zu der das berühmte Ischtar-Tor gehört. Südlich davon, zum Euphrat hin, befindet sich der Palast des Nebukadnezar, und hier sollen, auf Tonnengewölben errichtet, die in Stufen ansteigenden bepflanzten Terrassenanlagen gewesen sein, über die es allerhand fantastische Berichte aus der Antike gibt.[13] Der griechische Geograf Strabon schreibt:

Zu den Sieben Weltwundern wird sowohl die Mauer von Babylon gezählt als auch der Hängende Garten, der bei viereckiger Gestalt an jeder Seite 4 Plethren misst. Er wird getragen von Gewölben auf Bögen, die einer über dem anderen auf würfelähnlichen Pfeilern ruhen. Die Pfeiler sind hohl und mit Erde gefüllt, [...] auch die Bögen sind aus gebrannten Ziegeln und Asphalt ausgeführt. Das oberste Stockwerk hat treppenähnliche Aufstiege und neben denselben liegende Schraubenpumpen, mittels derer damit beauftragte Leute unaufhörlich das Wasser aus dem Euphrat in den Garten empor befördern. Der ein Stadion breite Strom fließt nämlich mitten durch die Stadt, und der Garten liegt am Strom.[14]

Die Technik der Schraubenpumpen, sogenannte Schnecken, wurde freilich erst lange nach Nebukadnezar erfunden. Doch einfachere Systeme wie an einem großen Rad befestigte Schöpfeimer gab es schon bei den Pharaonen. An Sklaven, um diese zu

Die Hängenden Gärten der Semiramis in Babylon,
wie man sie sich auf einem Kupferstich um 1700 vorstellte.

bedienen, fehlte es ja in den orientalischen Reichen nicht. Zu dem Fabulösen bei der Beschreibung der Hängenden Gärten gehört sicher die Zuschreibung an die Königin Semiramis.[15] Sie wird in den antiken Berichten noch nicht als Erbauerin genannt. Doch von einer Frau war im Zusammenhang mit den Hängenden Gärten immer schon die Rede: König Nebukadnezar soll diese Gartenanlage seiner Gemahlin zuliebe errichtet haben, die aus Medien stammte und sich nach dem Anblick grüner Gegenden sehnte (gewissermaßen ein Tadsch Mahal zu Lebzeiten).

ALEXANDER IM PARADIES

Geschichtlich bezeugt ist ein *parádeisos* in Babylon, als ein zum Palast gehörender Park mit Schwimmbecken und Lusthaus: Hier starb Alexander der Große im Juni 323 v. Chr. Als Sieger über Orient und Okzident war er zurückgekehrt nach Babylon,[16] das vielleicht die Hauptstadt seines neuen Reiches werden sollte. Hier fanden im Palast Nebukadnezars rauschende Feste statt, und es wurden auch neue kühne Pläne entwickelt. Nach einem ausgedehnten Bankett bekam der König Fieber, das ihn auch an den folgenden Tagen nicht verließ, sondern sich noch steigerte.

Er lässt sich über den Fluss in den Park bringen, in den Parádeisos.[17] Dort badet er, schläft und gibt am folgenden Tag seinen Offizieren Befehle. Doch sein Zustand verschlimmert sich immer mehr: Er lässt sich schließlich aus dem Park in den Palast bringen, wo er dann stirbt. Die Legende lässt ihn später im *Alexanderroman* in märchenhafte Paradiesreiche gelangen. Als Iskander ist er bis heute im Orient lebndig.

3
„HEILIGE HAINE" – GÖTTER UND PHILOSOPHEN IM ALTEN GRIECHENLAND

Für die Griechen entsprach dem persischen Paradies der „Heilige Hain", auch er ein Ort, der in wohltuendem Gegensatz zum heißen, trockenen Sommerklima stand. Es war etwa eine schattige Lichtung in waldiger Umgebung, mit einer Quelle, einem Teich oder einem Wasserlauf, wo man die Gegenwart einer Gottheit spürte, der man den Ort weihte. Hier verehrte man die Götter schon, bevor man Tempel errichtete, aber auch später noch, als Spender des Wassers und der reichen Vegetation. Die Dichterin Sappho ruft Aphrodite (Kypris) zu einem Fest herbei, die Göttin der blühenden, fruchtbaren Natur und der Jugend:

> *Kühles Wasser rauscht durch die Apfelzweige,*
> *und von Rosen ist der ganze Platz umschattet,*
> *von sich wiegenden Blättern senkt sich Schlummer nieder.*
> *Darinnen ist eine rossenährende Wiese,*
> *prangend mit vollerblühten Frühlingsblumen,*

das Aniskraut haucht süßen Duft.
Sanfte Winde gehen dahin.
Komm denn, Kypris, nimm du die Festeskränze
und schenke in goldenen Schalen
als reiche Gabe der Festesfreude
Nektar aus![18]

Der Hain ist sicher von Menschen gepflegt, mit seinen Apfelbäumen und Rosen, und doch erscheint er wie ein Wunder der Natur, ein Geschenk der Göttin, die da angerufen wird. So wie diesen Hain stellte man sich die „Jenseitsgärten" vor, den Ort der Frommen und Gerechten, die Elysäischen Felder, die Inseln der Seligen: ein immerwährendes Fest in „paradiesischer Umgebung", auf frühlingshaften Blumenwiesen, an schattigen Quellen.[19]

DER NYMPHENHAIN

Des lebenswichtigen Wassers wegen war solch ein idyllischer Ort (den auch die Römer als *locus amoenus* liebten) oft den Nymphen geweiht, ja er hieß geradezu *nymphaion*, Nymphenhain, ein Ort, wo man sich gern niederließ.

Zur Römerzeit hießen Brunnenanlagen Nymphäen, in Häusern und Gärten wie in den Villen, oder auch in Verbindung mit Wasserleitungen, wie das große, kunstvoll ausgestaltete Nymphäum des Herodes Atticus in Olympia.

Als ein Ort, wo man noch die Nymphen verehrt, erscheint in nostalgischem Nachglanz der Nymphenhain auf der Insel Lesbos, im Roman *Daphnis und Chloe* des Longos, Ende des 2. Jahrhunderts n. Chr. In einer Nymphengrotte, mit Statuen der Göttinnen, vor der sich das dichte, weiche Gras einer blühenden Wiese ausbreitet, von einem Quell benetzt, wird ein ausgesetztes kleines Kind gefunden: Chloe. Sie und ihr Gefährte Daphnis verehren später als Hirten fromm die Nymphen mit Opfer und Gebet, und diese vergelten es ihnen durch ihren Schutz. Kehren wir noch einmal zu Alexander dem Großen zurück. Er, der in einem persischen *parádeisos* starb, hat seine Jugendzeit in einem griechischen *nymphaion* verbracht. Sein Vater, König Philipp von Makedonien, berief Aristoteles, den berühmtesten und gelehrtesten Philosophen seiner Zeit, als Lehrer für seinen wissbegierigen jungen Sohn:

> *Als Schul- und Aufenthaltsort wies er den beiden den Nymphenhain bei Miëza an, wo man noch heutzutage die steinernen Sitze und die schattigen Wandelgänge zeigt.*[20]

Zur Zeit Plutarchs, im 2. nachchristlichen Jahrhundert, gehörte Alexanders Schule, in der Nähe der makedonischen Hauptstadt Pella, offenbar schon zum Besichtigungsprogramm auf einer Bildungsreise. Heute zeigt man einen Wasserfall, neben und hinter dem sich der lauschige Schulort Alexanders befunden haben soll.

PHILOSOPHENHAINE UND -SCHULEN

Bei aller Konzentration aufs Hochgeistige gedeihen philosophische Gespräche offenbar besonders gut in schattigen Hainen. Platon lässt am Anfang seines Werkes über die Gesetze (*nomoi*) die Gesprächsteilnehmer in Kreta auf dem Weg von Knossos zur Grotte und zum Tempel des Zeus wandern. Auf diesem Weg gibt es, wie die Gefährten mit Befriedigung feststellen, unter den hohen Bäumen schattige Plätze, Haine mit hohen, wunderschönen Zypressen und Wiesen, wo sie sich, ihrem fortgeschrittenen Alter entsprechend, häufig ausruhen und dabei ihre Gespräche in aller Bequemlichkeit fortsetzen können. Cicero erinnert an diese Szenerie in seinem Werk über die Gesetze. Er will ebenfalls an einem *locus amoenus*, beim heimatlichen Arpinum, unter hochgewachsenen Pappeln am grünen, schattigen Flussufer wandelnd, mit seinem Bruder und dem Freund Atticus diskutieren.[21]

Da diese Naturszenerie dem Philosophieren so förderlich war, ist es nur folgerichtig, dass Haine und Gärten zu Orten für Philosophenschulen wurden: Die Schule der Epikureer in Athen nannte man sogar einfach *kepos,* den Garten. Die Akademie Platons in Athen lag im Hain des attischen Heros Akademos, der von dem griechischen Staatsmann Kimon künstlich bewässert, bepflanzt und mit schattigen Wegen ausgestattet worden war. Auf dem Philosophenmosaik aus Neapel (1. Jahrhundert n. Chr.) sitzen die Philosophen in angeregtem Gespräch auf steinernen Bänken (wie Aristoteles und Alexander), hinter ihnen ein Baum und eine Stele mit einer Sonnenuhr, Versatzstücke für einen „Philosophenhain". Man hat das Mosaik mit einiger Berechtigung die Akademie des Platon genannt.

Aristoteles hatte seine Schule im Hain des Heros Lykeios eröffnet, das Lykeion (daher der Name Lyceum). Die Nachfolger des Aristoteles wurden Peripatetiker genannt, nach dem Auf- und Abwandeln, dem *peripatein,* beim Lehren und Hören, im Freien wie auch in Säulenhallen. Eingeführt wurde dies, statt des „Frontalunterrichts", wohl von Theophrast, dem Leiter der Schule seit 322 v. Chr. Mit seinem umfangreichen Werk über Pflanzenkunde ist er der Begründer der Botanik.

SOKRATES UNTER DER PLATANE

Der natürliche Hain ging in einen künstlich gepflegten Garten über, doch blieb dem Naturort sein eigener Zauber erhalten. In Platons *Phaidros* führt Sokrates ein philosophisches Gespräch, das vom *genius loci* geprägt ist. Er hat sich von dem jungen Phaidros verführen lassen, aus Athen heraus zu wandern, um sich von ihm eine Rede vortragen zu lassen. Am Flüsschen Ilissos finden sie ein schönes Plätzchen, um sich niederzulassen. Sokrates sagt:

> *„Bei Hera – das ist ein schöner Rastplatz. Diese Platane ist herrlich belaubt und hat eine hohe Krone, die Sträucher ringsum sind hoch, geben guten Schatten und stehen in voller Blüte, sodass sie den Ort mit Wohlgeruch erfüllen. Die lieblichste Quelle aber sprudelt unter der Platane, mit ganz kühlem Wasser, [...]. Kurz, du hast uns aufs Beste geführt, lieber Phaidros."*
>
> *Phaidros: „Du scheinst mir ein seltsamer Kauz, [...] wie du redest, gleichst du ganz und gar einem Fremden, der sich herumführen lässt, und nicht einem Einheimischen. So wenig kommst du aus der Stadt heraus oder gar über die Grenze von Attika, ja du gehst, so kommt es mir vor, nicht einmal zum Stadttor hinaus."*
>
> *Sokrates: „Das musst du mir schon nachsehen [...] Ich möchte eben immerzu etwas lernen. Und die Landschaften und die Bäume wollen mich nichts lehren, wohl aber die Menschen in der Stadt."*[22]

Mit der Aussicht auf ein ertragreiches Gespräch hat Phaidros ihn aber nun hinausgelockt, und Sokrates ist zufrieden.

Die stimmungsvolle Beschreibung hat Generationen von Platon-Lesern (in Gedanken oder in Wirklichkeit) zu der Stelle geführt, wo sich die Quelle unter der Platane ergießt. Cicero verlegt sein Werk vom Redner in den Garten einer Villa in Tusculum, wo die Gesprächsteilnehmer angesichts einer schattenspendenden Platane sich an Sokrates in Platons *Phaidros* erinnern und beschließen, sich wie dieser dort im Schatten zu lagern und ihr Gespräch fortzusetzen. Worauf der Gastgeber meint, man wolle es sich noch etwas bequemer machen – und Sitzkissen bringen lässt.[23]

Platanen liebten die Griechen wie die Perser, und später die Römer. Bei diesem Baum gab es stets Wasser. In Gortyn auf Kreta wuchs eine immergrüne Platane, neben einer Quelle, und dort sollte Zeus sich mit der entführten Europa zuerst in Liebe vereinigt haben. Die Platane (oder eher eine Nachfolgerin) gehört zu den Sehenswürdigkeiten im heutigen Gortis (*platanos orientalis var. cretica*). Unter einer Platane lehrte der Überlieferung nach auch Hippokrates seine Schüler. Es soll der Baum sein, den man heute noch, sorgsam abgestützt, am Wirkungsort des berühmten Arztes, auf der Insel Kos, zeigt.

GÄRTEN AN TEMPELN

Haine, also Gegenden, wo es Schatten und Wasser gab und man sich lagern konnte, waren nicht nur Aufenthalte für Philosophen und ihre Schüler, sondern für alle, die die Heiligtümer der Götter aufsuchten, ob in ihrer Stadt oder als Pilger auf längeren Wegen. Wo sie nicht von Natur vorhanden waren, schuf man entsprechende Anlagen, so am Hephaistostempel in Athen, dem besterhaltenen griechischen Tempel.[24]

Ausgrabungen im Umfeld des Tempels haben ergeben, dass sich hier Sträucher und Büsche befanden, was belegt, dass die Heiligtümer bewässert und begrünt waren.

DIE PFLANZEN DER GÖTTER

Oft stand die Flora in Verbindung mit dem heiligen Ort. Auf der Akropolis wuchs Athenes Ölbaum, längst bevor ihr Tempel errichtet wurde. Denn die Göttin selbst hatte ihn gepflanzt, als sie im Streit mit ihrem Onkel Poseidon um die beste Gabe für Attika gesiegt hatte. Der Baum war das sichtbare Zeichen dafür, dass Athene ihre Stadt Athen und das Land Attika beschützte. Der Perserkönig Xerxes hatte auf seinem Feldzug, ungeachtet seiner Liebe zu Bäumen, die Akropolis samt dem

Ölbaum niederbrennen lassen, zur Strafe dafür, dass die Athener sich ihm nicht unterwerfen wollten. Offenbar hatte Xerxes aber ein schlechtes Gewissen, er schickte jedenfalls athenische Abgesandte auf die Burg, um dort ein Opfer darzubringen:

> *Diesen Ölbaum [auf der Akropolis] hatte es getroffen, zugleich mit dem übrigen Heiligtum von den Barbaren verbrannt zu werden. Als aber am zweiten Tag nach dem Brand die vom König mit dem Opfer beauftragten Athener zum Heiligtum hinaufstiegen, sahen sie einen jungen Trieb, der aus dem Stumpf etwa eine Elle [ca. 55 cm] hoch aufgesprosst war.*[25]

Das Hoffnungszeichen trog nicht: Unter der Führung der Athener siegten die Griechen in der Seeschlacht von Salamis 480 v. Chr., und die Perser mussten schließlich geschlagen abziehen. Diese hatten noch eine andere hochheilige Stätte eingeäschert: Eleusis, etwa 20 km von Athen, wo, im heute noch teilweise erhaltenen Telesterion, der Weihehalle, die Mysterien, die geheimen Einweihungen in den Kult der Demeter und ihrer Tochter Persephone abgehalten wurden.[26] Demeter, die Göttin der Feldfrucht und des Getreides, hatte hier dem Königssohn von Eleusis, Triptolemos, die erste Getreideähre überreicht, mit dem Auftrag, sie – und damit das Wissen um den Anbau des Getreides – zu allen Menschen zu bringen. Hier hatte die Göttin trauernd gesessen, als der Unterweltsgott Hades ihre Tochter geraubt hatte, hier hatte sie das Wiedersehen mit ihrer Tochter gefeiert und ließ zum Dank wieder Getreide hervorsprossen, das sie vorher aus Kummer hatte verdorren lassen. Getreideähren wachsen noch heute, vermischt mit rotem Mohn, in dem weiträumigen heiligen Bezirk, am Felsensitz der Göttin. Am Beginn der Heiligen Straße in Athen, wo sich die Pilger sammelten zur Prozession nach Eleusis, war ein Garten, den beiden Göttinnen geweiht. Noch heute gibt es in der Umgegend von Eleusis als Souvenir eine Ähre zu kaufen, mit dem schmunzelnden Hinweis, man solle sie im Schlafzimmer aufhängen: „Viele Kinder!"

In Dodona stand die heilige Eiche des Zeus; aus dem Rauschen der Blätter deuteten die Priester seine Orakelsprüche, später waren Tauben, die in der Eiche nisteten, mit ihrem Gurren die Orakelspender.

In Delphi wuchs Apollons heiliger Lorbeer.[27] Der Lorbeer, griechisch *daphne*: So hieß die schöne Nymphe, die sich der Liebe Apollons durch die Verwandlung in einen Lorbeerbaum entzogen hatte. Apollon schmückte sich mit dem Lorbeer, mit

Die Nymphe Daphne entzieht sich dem Liebeswerben Apollons durch die Verwandlung in einen Lorbeerbaum (griechisch *daphne*). Der Gott wählt sich den Lorbeer als seine heilige Pflanze. Kupferstich, um 1610.

dem auch die Sieger in seinen heiligen Spielen in Delphi bekränzt wurden. Einen Lorbeerzweig aus dem heiligen Hain trug die Pythia in der Hand, wenn sie von ihrem Sitz aus weissagte. Auch Roms Feldherrn bekränzten sich mit Lorbeer.

Um die Heiligtümer des Gottes Dionysos (auch Bakchos genannt) waren Weingärten angelegt. Er war nicht nur der Spender des Weins, sondern verkörperte auch das stets sich erneuernde Leben: Wo er erscheint, herrscht Frühling, und die Blumen blühen.

DAS WEIN- UND ROSENWUNDER

In der Spätantike kamen die Verehrer des Dionysos zusammen, um an einem bestimmten Tag das Weinwunder zu erleben: Das Wasser im Brunnen des Gartens verwandelte sich in Wein. An den Säulenresten eines Tempels in Gerasa (Jerash in Jordanien) findet sich das Motiv der Weinreben; auf seinem Fundament wurde eine christliche Kirche erbaut, und auch hier fand im 4. Jahrhundert im heute noch erhaltenen Brunnenhof ein Weinwunder statt[28] – hatte doch Christus gesagt: „Ich bin der Weinstock, ihr seid die Reben." Und er hatte auf der Hochzeit zu Kana Wasser in Wein verwandelt, was man in der östlichen Kirche am 6. Januar feierte, dem Tag, an dem einst Dionysos den wundertätigen Brunnen hatte fließen lassen.

Der Brunnen fließt nicht mehr, die Zeit der Wunder ist vorbei. Doch nicht die der Legenden. Im 7. vorchristlichen Jahrhundert zogen griechische Siedler aus Sybaris im Golf von Tarent aus, um an der Südwestküste Italiens eine neue Stadt zu gründen, die sie dem Meeresbeherrscher weihten: Poseidonia, das heutige Paestum. Sie huldigten aber auch Hera, die in jener Gegend als Große Göttin hoch verehrt wurde. Von den großartigen dorischen Tempeln, die heute den Ruhm von Paestum ausmachen, waren wohl zwei der Hera geweiht.

An ihren Tempeln hat man das legendäre Blütenwunder angepflanzt, eine *rosa centifolia,* die hundertblättrige Rose, die untrennbar mit Paestum verbunden blieb als die von den Dichtern gepriesene, zweimal im Jahr erblühende Rose.[29]

Im Garten des Archäologischen Parks von Paestum will man dem aus der Antike stammenden Ruf der Stadt gerecht werden, und so sorgen Gärtner dafür, dass im Schatten der Tempelruinen Rosensträucher blühen, zur Freude der Besucher. Es bleibt aber ein Geheimnis, warum die auch andernorts zweimal im Jahr blühende Rose gerade hier zum „Rosenwunder" wurde. War es der Gegensatz zwischen den wuchtigen Tempeln und den zarten Blüten?

Aus Rhodos, der Roseninsel, hatten die Griechen sie wohl mitgebracht in ihre neuen Siedlungsorte in Unteritalien, das zu Großgriechenland werden sollte. Nach Griechenland war sie aus dem Orient gekommen: In Schiras, in Persien, blühen immer noch die Rosengärten, die der Dichter Hafis besang. In den mythischen Gärten des Midas wuchsen wilde Rosen, jede hatte sechzig Blütenblätter, und an Duft übertrafen sie alle anderen.[30]

Die Rose war mit ihrer zarten Schönheit seit jeher etwas Besonderes. *Rhododáktylos*, rosenfingrig steigt Eos, die Göttin der Morgenröte, empor, viele Mythen verbinden sich mit Rosen. Die Schönheit eines Mädchens wird mit einer zweifarbigen Rose verglichen, wie Hero, deren Anblick die jungen Männer und besonders ihren späteren Geliebten Leander bezaubert:

Rot überhaucht ist das Rund ihrer schneeweißen Wangen, wie eine Rose zweifarbig aus der Knospe hervorschimmert: Du könntest meinen, auf Heros Gliedern leuchtet ein ganzer Hain voller Rosen.[31]

Die Rosen von Paestum blühten aber noch weiter und wurden bewundert von den Römern, die das Gebiet später vereinnahmten, samt der Gartenkultur der Griechen. Doch statt der Rosen pflanzte man im frühen Rom zunächst Rüben. Doch „auf Rosen gebettet" zu sein, wurde zur Wunschvorstellung eines eher mühseligen Daseins.

Die berühmten Rosen von Paestum gehören zur Gattung *rosa centifolia*.

4

VON RÜBEN ZU ROSEN – GÄRTEN IM ALTEN ROM

Bis zur Gartenkultur der pompejanischen Villen war es ein weiter Weg: Die Römer hatten ursprünglich gar kein eigenes Wort für Garten. Ihr *hortus,* woraus sich unser Wort Garten entwickelte, geht auf die griechische Bezeichnung *chórtos* zurück, was einen eingefriedeten Bezirk bedeutet: eine Anlage neben dem Bauernhaus, wo Gemüse und Obst gezogen wurden, also ein Nutzgarten. Die Römer waren ein Bauernvolk; die ordnungsgemäße Pflege des eigenen Stück Landes war eine gesetzlich verankerte Pflicht und die einzig angemessene, ehrenhafte Betätigung eines römischen Bürgers. Man lebte von der Landwirtschaft, bewirtschaftete das ererbte Gut und kam nur bisweilen in das Stadthaus in Rom, etwa um bei Wahlen seine Stimme abzugeben. Aus späterer Sicht verklärte sich jene Epoche zur „guten alten Zeit", als Luxus, Habgier und Ehrgeiz noch ferne waren und auf dem Land tapfere, ehrenhafte Männer lebten, schlicht und anspruchslos ihren Acker bebauten und jeder von ihnen als *vir vere Romanus*, als echter Römer, seine Pflicht dem Gemeinwesen gegenüber erfüllte.

Ein solcher Römer von echtem Schrot und Korn war Lucius Quinctius Cincinnatus. Er bewirtschaftete ein kleines Gut und wurde 458 v. Chr. vom Pflug weg berufen, um ein von Feinden eingeschlossenes römisches Heer zu befreien, was ihm dann auch gelang:

> *Als dem Cincinnatus, während er seine vier Morgen Land auf dem Vatikanischen Hügel pflügte, ein Sendbote die Würde und das Amt das Dictators überbrachte, soll er nackt und staubbedeckt gewesen sein, sodass der Bote zu ihm sagte: „Bedecke deinen Körper, damit ich dir die Befehle des Senats und des römischen Volkes übermitteln kann!" […] Jetzt aber wird die Feldarbeit verrichtet von Sklaven mit gefesselten Füßen. […] Und da wundern wir uns, dass Sträflinge nicht den gleichen Ertrag erwirtschaften wie vormals die Feldherren!*[32]

Nach seinen Siegen war Cincinnatus wieder auf sein bescheidenes Anwesen zurückgekehrt. Diese selbstlose Haltung ließ ihn zu einer der Vorbildgestalten Roms werden, zumal in Zeiten, da die Feldherren nach ihren Kriegen nicht mehr auf den heimischen Acker zurückkehrten, sondern ihre Machtposition in Rom behielten und damit in blutigen Bürgerkriegen die römische Republik zugrunde richteten. Politiker vom Format des alten Römers wünschte man sich auch später noch, wie der Name der amerikanischen Stadt Cincinnati beweist.

EIN FELDHERR KOCHT RÜBEN

Manius Curius Dentatus stammte nicht aus einer der altrömischen Adelsfamilien; er kam (wie Cato und Cicero) vom Land und hatte sich zu den höchsten Staatsämtern emporgearbeitet. Als Konsul führte er 290 v. Chr. siegreiche Feldzüge gegen die

Samniten und die Sabiner, deren Land er nicht verwüstete, sondern ihm durch Trockenlegung von Sumpfgebieten und Bodenmeliorisierung Nutzen brachte. Er leitete auch den Bau einer Wasserleitung ein, des *Anio vetus*. Als Musterbeispiel für Schlichtheit und Korrektheit zeigt ihn eine bekannte Anekdote. Er war nach seinen großen Siegen und Triumphzügen wieder auf seine heimische Scholle zurückgekehrt. Dort saß er am Herd und kochte sich eine Rübenmahlzeit. Die Rüben hatte er selbst gepflanzt und gerade geerntet, nachdem er das Unkraut ausgerupft hatte.

Da kam eine Abordnung der von ihm besiegten Samniten und brachte ihm eine große Menge Gold – ob als Geschenk, Tribut oder als Bestechung –, der wackere Römer verwies jedoch auf seine frugale Mahlzeit und erklärte: „Wer damit zufrieden ist, der braucht kein Gold!" Im Übrigen halte er es nicht für rühmlich, Gold zu besitzen, sondern eher über die zu gebieten, die Gold besäßen.[33]

MARCUS PORCIUS CATO – EIN RÖMISCHES URGESTEIN

Ebenfalls zum Exempel altrömischer Erdverbundenheit und Sittenstrenge wurde derjenige, für den Curius ein Vorbild war: Cato der Ältere.[34] Obwohl zu den höchsten Ämtern aufgestiegen, vergaß er nie seine Herkunft vom Land und versuchte den anspruchslosen Lebensstil eines Curius und Cincinnatus aufrechtzuerhalten, obwohl sich seitdem die Verhältnisse gerade auf dem Land entscheidend verändert hatten. Statt überschaubarer bäuerlicher Kleinbetriebe, die, vom Besitzer geleitet, hauptsächlich für den eigenen Bedarf arbeiteten (Subsistenz-wirtschaft), hatte sich nach den Siegen Roms über die Mittelmeerwelt, mit großem Kapitalfluss und zur Verpachtung überlassenen Staatsländereien, ein neuer Landwirtschaftstyp verbreitet. Die Latifundienwirtschaft[35] war geprägt von großflächigen Ländereien mit Monokulturen, wie Getreide, Öl oder Wein, deren Erträge zum Verkauf bestimmt waren. Betrieben wurden diese Gutsanlagen von Sklaven und Freigelassenen im Dienste eines Großunternehmers, der hier sein Kapital arbeiten ließ.

Und in dieser Zeit will Cato seinen Zeitgenossen die Arbeit auf der eigenen Scholle schmackhaft machen, mit seinem Werk *De agri cultura – Über die Landwirtschaft*, das er 174 v. Chr. begonnen und an dem er bis zu seinem Lebensende immer noch gearbeitet hat. Es ist das älteste erhaltene Prosawerk der lateinischen Sprache, mehr ein bäuerlicher Ratgeber als ein eher praxisfernes Fachbuch. Insofern ist es dem ersten antiken „Bauernkalender" (um 700 v. Chr.), den *Werken und Tagen* des Griechen Hesiod vergleichbar, nicht nur in der Form, sondern auch in seinem strengen Arbeitsethos.

Doch Cato wusste sehr wohl, dass sich die Zeiten seit Curius geändert hatten. In der Einleitung zu seinem Werk räumt er ein, dass sich mit Handels- und Geldgeschäften mehr Gewinn machen lässt als mit der Landwirtschaft:

> *Aber aus dem Bauernstand kommen die tüchtigsten Männer und die besten Soldaten, und es ergibt sich der anständigste, dauerhafteste und am wenigsten dem Neid ausgesetzte Gewinn, und bei denen, die in diesem Beruf beschäftigt sind, gibt es am wenigsten schlechte Gesinnung.*[36]

So äußert er sich in der Vorrede zu seinem Werk, und er will damit die Ideale des Rüben anbauenden Altrömers auf seine Art retten, indem er zeigt, dass auch ein herkömmliches Landgut rentabel sein kann. Und das ist auch weiterhin nötig, denn für den römischen Senator ist die Landwirtschaft das einzige „ehrenhafte" Gewerbe; Geld- und Handelsgeschäfte dürfen eigentlich nur die Angehörigen des Ritterstandes ausüben. (Man kann sich als Senator freilich eines Mittelsmannes bedienen.) „Gehalt" für die Staatsämter gibt es auch nicht, alles muss aus eigener Tasche finanziert werden, von den Wahlen bis hin zu den aufwändigen Spielen. Da ist das eigene Gut mit den Erträgen aus den Ländereien immer noch wichtig. Damit dieses profitabel arbeitet, braucht es eine rationelle Planung und Organisation und – viel Arbeit.

Die Landwirtschaft bei Cato ist nichts für Großstadtmüde oder Agrarromantiker: Hier wird angepackt, sommers wie winters, an Werk- und Feiertagen, bei Sonne und Regen, immer gibt es etwas zu tun:

Bei Regenwetter musst du dich fragen, was im Haus getan werden kann. Damit nicht gefaulenzt wird, setze einen Hausputz an. Bedenke: Auch wenn nichts getan wird, fallen dennoch Kosten an.[37]

Wenn es regnet, soll man auch die Körbe herrichten und reparieren, die man für die Weinlese braucht, und den Proviant für die Arbeiter vorbereiten, Dinkel mahlen, Most eindicken und den Vorratskeller überprüfen.

Catos Garten ist nicht streng geschieden von den übrigen Anbauflächen; zu seiner Zeit gehörten Wein- und Olivenanbau noch zum Garten. Cato gibt Anleitungen zum Bau von Kelterräumen wie Olivenpressen, ja sogar für die Herstellung von „griechischem Wein"[38] aus einer besonders guten, süßen Traube. Mit allerlei Beimischungen kommt er in ein Fass, zum Frühjahr wird der Wein in Amphoren umgefüllt, dann soll er zwei Jahre (!) in der Sonne stehen, daraufhin unter Dach gebracht werden. Dieser Wein, so Cato, wird nicht schlechter sein als der von Kos (der hochberühmt war). Was stand wohl auf dem Etikett? Sollte man sich so den Import teurer Weine sparen?[39] Cato betrachtete ja alles unter dem Gesichtspunkt der Nützlichkeit. So besaß er auch, wie er sagte, lieber Ländereien, die angebaut und abgeweidet, als solche, die besprengt und gekehrt werden, also die Ziergärten an den Villen. Ja, er ging als Zensor sogar so weit, dass er, um einem Wassermangel in der Sommerhitze vorzubeugen, in Rom die Rinnen abtrennen ließ, durch die man das Wasser aus den öffentlichen Kanälen in die Gärten der Privathäuser leitete. Dort gab es bereits Rasensprenger, die einen großen Wasserverbrauch hatten.

Aus der Überfülle von einzelnen Ratschlägen zum Düngen, Pflügen, Ernten und Verarbeiten der Ernte sowie den Pflichten des Gutsherrn, des Verwalters, des Gesindes sei als Beispiel für die Realitätsnähe Catos ein Passus über den Spargelanbau zitiert. Der Spargel (*asparagus*) war eine gärtnerisch verbesserte Art des Wilden Spargels:

Es gibt Spargel zum Gastmahl: mit Huhn, Datteln und Meeresfrüchten. Mosaik, Marancia, 1. Jh.

Wie man Spargel anbaut
Man muss einen Boden haben, der Feuchtigkeit hat, oder auf fettem Boden gut umgraben. Sobald umgegraben ist, lege die Beete so an, dass du von rechts und links hacken und jäten kannst, ohne darauf zu treten. Wenn du die Beete abteilst, lass zwischen den Beeten nach allen Seiten einen halben Fuß breiten Abstand. Dann säe in gerader Linie, drücke mit einem Pflanzholz zwei oder drei Samenkörner in die Erde und schließe [...] die Vertiefung im Boden. Streue anschließend tüchtig Mist auf die Beete. Säe nach der Frühlingstagundnachtgleiche. [...] Ziehe den Spargel so heraus: Grabe [die Erde] ringsum auf, damit du ihn leicht herausziehen kannst; gib acht, dass er [dabei] nicht abbricht. Achte darauf, möglichst viel Schafmist aufzubringen, der ist für diesen Zweck der Beste, anderer Mist lässt Unkraut wachsen.[40]

Bei aller Dankbarkeit für die Hege und Pflege des edlen Gemüses, von der wir noch den Nutzen und Genuss haben, muss man sich fragen: Wer gräbt da, von Cato selbst einmal abgesehen – der römische Senator mit eigener Hand? Von mangelnden Hilfskräften beim Ernten des Spargels, aus Scheu vor Rückenschmerzen, kann damals, im Gegensatz zu heute, keine Rede sein. Cato war bekannt dafür, dass seine Dienerschaft nicht aus zarten Jüngelchen, sondern aus derben Ackerknechten bestand, die er, wie das übrige Inventar, gewinnbringend einsetzte.[41]

KOHL – DAS UNIVERSALHEILMITTEL

Die Pflanzen auf Catos Beeten mussten ebenfalls gewinnbringend sein. Da gab es kein abgetrenntes Kräutereckchen, jede Pflanze war für etwas gut, nicht nur zum Essen. Schnittlauch, Knoblauch, Zwiebeln waren gesund, das Beste aber war der Kohl. Mit seinen verschiedenen Sorten bot er nicht nur eine bekömmliche Mahlzeit, er war auch, roh oder gekocht, geradezu ein Allheilmittel.[42] Äußerlich angewendet wird er, weich gekocht und durch ein Tuch gedrückt, auf schmerzende Körperteile aufgetragen. Mit verschiedenen Zutaten gemischt heilt er angeblich sogar Geschwüre und Krebsgeschwülste. Als Saft, mit Honigwasser getrunken, hilft er bei der Verdauung, falls man zu wenig hat oder zu viel – kurz, es gibt kein Leiden, das man mit Kohl nicht heilen oder lindern könnte. „Nimm so und soviel davon", beginnt Cato seine Arzneivorschläge: *Recipe* – „Man nehme", wie es heute noch auf den Rezeptformularen steht.

AUS CATOS REZEPTBUCH

Cato war nicht nur ein Praktiker der Landwirtschaft; er hatte sich auch, wie Plutarch sagt, eine Sammlung von Rezepten angelegt, und nach diesem Rezeptbuch verordnete er Kuren und Diäten für alle Angehörigen seines Hauses:

> *Vom Fasten hielt er gar nichts, sondern gab ihnen Gemüse und ein wenig Fleisch von Enten, Tauben oder Hasen zu essen, denn diese Speisen hielt er für leicht und den Kranken zuträglich. Er versichert noch, dass er durch diese Kur und Diät nicht nur sich selbst, sondern auch alle die Seinigen immer gesund erhalten habe.*[43]

Das Gemüse war Rosenkohl, die mildeste Kohlsorte, die schon der Weise Pythagoras empfohlen hatte. Er war Vegetarier und meinte, wer einen Garten habe, brauche keine toten Tiere zu essen. Diese Meinung vertrat auch Plutarch.

Plinius der Ältere, ebenfalls ein Verfechter der Kräutermedizin, stimmt Cato zu: Dieser sei ja selbst 84 Jahre alt geworden, der beste Beweis für seine Ratschläge. Und Plinius teilt auch Catos Ablehnung der Ärzte, die damals größtenteils aus

Kohl galt in der Antike – und gilt heute wieder – als sehr gesund. Cato verordnete Rosenkohl als Schonkost für Kranke.

Griechenland kamen: Diesen Griechen ist nicht zu trauen, hatte Cato seinem Sohn warnend geschrieben; sie können uns nicht verzeihen, dass wir sie besiegt haben, nennen uns Barbaren und wollen uns nun vielleicht durch die Hintertür, durch ihre Ärzte, besiegen. Plinius hat seine ganz speziellen Vorbehalte gegen die Modeärzte seiner Zeit in Rom, mit ihren aufwändigen Kuren, die weniger den Patienten als dem Geldbeutel der Ärzte zuträglich waren. Gediehen Catos wie Plinius' Kräutergärten also auch auf dem Boden einer Abneigung gegen die „Schulmedizin"?

WO SIND DIE BLUMEN?

Auch die Blumen werden bei Cato nur unter ihrem Nützlichkeitsaspekt gesehen. Ein stadtnahes Anwesen hat gute Absatzmöglichkeiten auf dem städtischen Blumenmarkt und auf dem Gemüsemarkt. Deshalb rät er: Sieh zu, dass in Stadtnähe alle Arten von Gartengewächsen angebaut werden, alle Arten von Blumen für Kränze, Zwiebeln aus Megara, die weiße und die dunkle Hochzeitsmyrte, delphischen, zyprischen und wilden Lorbeer und drei Sorten von Nüssen. Ein Gut bei der Stadt (*fundum suburbanum*) muss man, zumal wenn man nur dieses Gut hat, so einrichten und so bebauen, dass es möglichst ertragreich ist.[44]

Mit den Kranzblumen für Gastmähler und Gräber, den Myrten für Hochzeiten (und als Myrtenwein zur Verdauung) und Lorbeer für den Schmuck von Götterbildern werden Zwiebeln eingepackt, keine Blumenzwiebeln, die megarischen Zwiebeln waren „tränenreich", sowie Hasel- und Walnüsse, ein beliebter Proviant für unterwegs. Farbenfrohe und duftende Blumenbeete erleben wir nicht bei Cato, sondern erst bei Columella (vgl. S. 68ff.), auch nicht ohne Blick auf den Nutzen.

CATO UND KARTHAGO – LANDWIRTSCHAFTLICH

Im Alter von über 80 Jahren nahm Cato 152 v. Chr. noch an einer Gesandtschaft des Senats nach Karthago teil und musste dort feststellen, dass die Karthager, nach ihrer und Hannibals Niederlage im Zweiten Punischen Krieg und trotz der hohen Reparationskosten, genügend Machtmittel und Kriegsmaterial besaßen, um einen neuen Waffengang wagen zu können. Und sie schienen dem auch nicht abgeneigt zu sein. So kam es Cato jedenfalls vor; er sah hier eine Gefahr und äußerte diese Bedenken nach seiner Rückkehr in einer Rede im Senat:

> *Am Ende dieser Rede ließ Cato, wie man erzählt, mitten unter den Senatoren, beim Raffen seiner Toga einige afrikanische Feigen fallen, und als man ihre Größe und Schönheit bewunderte, sagte*

er: „Das Land, in dem diese Früchte wachsen, ist von Rom nur eine Dreitagesfahrt entfernt." Noch weit auffallender aber war es, dass er jedes Mal, wenn er über eine Angelegenheit seine Meinung äußerte, mit diesen Worten schloss: „Und übrigens bin ich der Meinung, dass Karthago zerstört werden müsse."[45]

Und übrigens hat man wirklich später die Feigen Italiens durch afrikanische Sorten veredelt. Und als Karthago im Dritten Punischen Krieg – Cato war inzwischen gestorben – 146 v. Chr. zerstört worden war, scheint die Römer aus der umfangreichen Kriegsbeute vor allem eines interessiert zu haben: das Werk eines gewissen Mago über die Landwirtschaft, auf Punisch geschrieben in 28 Büchern. Auf Senatsbeschluss wurde es ins Lateinische übertragen, später erhielt es eine griechische Bearbeitung, auf die anderen klimatischen Verhältnisse abgestimmt, und so diente es späteren Fachautoren als Leitfaden. Leider ist es verloren, aber wenn Columella den Autor den Vater der Landwirtschaft nennt – einen Karthager, was hätte Cato dazu gesagt? –, können wir annehmen, dass Columella, ebenso wie Varro[46], einiges Hintergrundwissen von der ehemaligen Rivalin Roms bezogen hat.

GARTENLUST GEGEN ALTERSFRUST

Im hohen Alter von über 80 Jahren, gesund und munter, tritt Cato auf in Ciceros Dialog über das Alter: Er soll den jüngeren Leuten, die ihn darauf ansprechen, erklären, wie er es macht, dass er das Alter so leicht erträgt, obwohl doch die meisten darüber jammern. Cato räumt die hauptsächlichen Irrtümer und Vorbehalte aus, die gegen das Alter bestehen: Jeder will es erreichen, und dann beklagt er sich darüber! Er macht klar, wie viel Positives es noch gibt für alte Menschen, wenn sie nur gewillt sind, weiterhin aktiv am Leben teilzunehmen. Eine

Beschäftigung kann er ganz besonders empfehlen: die Freuden der Landwirtschaft.[47]

Der altersweise Cato freut sich ganz entspannt an dem Wachsen und Gedeihen eines Samenkorns, und vor allem am Aufwachsen der Reben, sorgsam unterstützt durch die Arbeit des Menschen. Die Rebe, die sich von Natur aus zur Erde neigt und mit ihren Ranken wie mit Händen alles umschlingt, wird gestützt und vom Winzer kunstreich mit dem Messer beschnitten, damit sie nicht verholzt und nach allen Seiten hin wuchert. So tritt, wenn der Frühling kommt, das sogenannte Auge hervor, aus dem sich die Traube entwickelt, erst von herbem, dann von süßem Geschmack. Sie umkleidet sich mit Weinlaub, das sie wärmt, aber vor der Sonnenglut schützt. Der nüchterne Cato kommt richtig ins Schwärmen: Welch einen schönen Anblick bieten die Rebpflanzungen und wie sinnreich ist das Anbinden der Reben, das erwähnte Beschneiden der einen und das Wachsenlassen der andern.

Mit keiner anderen Pflanze fühlte sich der Römer offenbar so verbunden wie mit der Rebe, und nicht nur des Weingenusses wegen. Das Hegen und Pflegen hat geradezu erzieherische Züge; die *ars agricolarum,* die Kunst der Winzer ist es, mit der sie die Reben beschneiden, nur so viel, dass der Wildwuchs beseitigt wird und sich die Frucht entwickeln kann. Auch das Anbinden der jungen Schösslinge muss sorgsam geschehen, nicht zu fest, aber auch nicht zu locker; es soll Halt geben, aber die Entwicklung nicht hemmen. Es wundert nicht, dass der Umgang mit den Reben vielfach als Bild diente für eine rechte Erziehung der Kinder.[48]

Freilich bleibt, bei aller Freude an der Schönheit und Ordnung einer Rebpflanzung, die Rentabilität des Landguts nicht unerwähnt – sonst wäre Cato nicht Cato:

Bei einem tüchtigen und fleißigen Gutsherrn ist ja der Wein-, der Öl- und auch der Vorratskeller immer wohlgefüllt und das ganze Landgut reichlich ausgestattet. Da gibt es alles in Fülle. Schweine, Ziegen, Lämmer, Hühner, Käse, Milch und Honig. Den Garten nennen die Bauern selbst gar ihre zweite Speckseite. Was soll ich noch weiter vom Grün der Wiesen, von der Ordnung der Baumreihen, vom wohltuenden Anblick der Weinberge und Ölbaumhaine reden? Ich will es kurz machen: Es kann nichts Nützlicheres und nichts Schöneres geben als ein wohl bestelltes Land. Sich daran zu erfreuen, hindert uns das Alter nicht, ja es lädt uns sogar verlockend dazu ein.[49]

Dies bestätigte später auch Kaiser Diokletian, der sich nach seiner Abdankung als Hobbygärtner betätigte und lieber weiterhin seinen Kohl anbaute, als wieder auf den Thron zurückzukehren.[50]

ALTHERGEBRACHTE GRUNDSÄTZE GEGEN MODERNEN GROSSGRUNDBESITZ?

Werfen wir einen Blick zurück auf den historischen Cato – hatte er Erfolg mit seinem Buch? Die späteren Zeitgenossen bewundern ihn, dass er auf solch vielen Gebieten eine herausragende Tüchtigkeit bewies: als Feldherr, Redner, Rechtssachverständiger, Geschichtsschreiber, Kenner der Wissenschaften – und eben als tüchtiger, geschickter und erfindungsreicher Landwirt und der größte Experte für Landwirtschaft.[51]

Aber konnte er dazu beitragen, die sozusagen mittelständischen landwirtschaftlichen Betriebe mit seinem Modell eines durchrationalisierten Guts gegen die Großunternehmer mit ihrer Plantagenwirtschaft zu stärken? Man möchte es angesichts der Entwicklungen der folgenden Zeit bezweifeln.[52] Doch fand er versierte Nachfolger, die in seinem Sinne ackerten, pflanzten – und schrieben.

Mit seinem rigiden Sparkurs zugunsten einer möglichst großen Rentabilität wollte Cato nicht nur der Konkurrenz der Großbetriebe entgegentreten. Er wollte auch ein Zeichen setzen gegen die seiner Meinung nach verhängnisvolle Entwicklung des römischen Staates nach den großen Eroberungen in der östlichen Mittelmeerwelt. Das Beispiel der hellenistischen Könige mit ihrer unumschränkten Gewalt und ihrer Prachtentfaltung hatte die römischen Feldherrn beeindruckt. Wenn sie diese Herrscher besiegten – waren sie dann nicht ebenso reich und mächtig wie diese, konnten sie dann nicht zu Hause wie große Herren auftreten und sich ebensolchen Prunk und Luxus erlauben? Curius und seine Rüben – eine Geschichte für die Schulbücher oder für die Geschichtsschreiber, die Roms frühere schlichte und einfache Lebensart als beispielhaft priesen und den Sittenverfall ihrer Zeit anprangerten, wie Sallust. Der dann freilich selbst doch kräftig zugriff in die Luxusbeute.

Noch heute gibt es in Rom an der Piazza Sallustio Reste der *horti Sallustiani,* der großzügigen Park- und Gartenanlagen, im Tal zwischen Pincio und Quirinal und auf den Abhängen beider Hügel gelegen. Sie hatte Sallust finanziert mit den Geldmitteln, die er sich 46 v. Chr. als Statthalter in Nordafrika „erworben", sprich zusammengeräubert hatte. Der Rest eines Nymphäums, einer Brunnenanlage, ist noch zu sehen, an einer Mauer, die an der Via Lucullo vorbeiführt und auf einen anderen großen Gartenliebhaber verweist, der seine prächtigen Anlagen ebenfalls nicht aus seinem Ersparten finanziert hat.

LUKULLUS – FELDHERR UND GENIESSER

Lucius Licinius Lucullus (117–56 v. Chr.), dessen Name mit „lukullischen Genüssen" verbunden ist, hatte sich diesem Luxus erst zugewandt, nachdem er in seiner militärischen Karriere gescheitert war. Er hatte Krieg geführt gegen König

Mithridates VI. von Pontus und hatte trotz mancher Erfolge den endgültigen Sieg 63 v. Chr. dem Feldherrn Pompeius überlassen müssen. Mithridates wollte, um seiner Gefangennahme zu entgehen, Gift nehmen, doch es wirkte nicht. Mithridates pflegte nämlich ein Kräutergärtchen der besonderen Art: Er züchtete Gift- und Antigiftpflanzen und führte über deren Wirkung genau Buch. Er selbst hatte sich durch die Einnahme von Gegengiften so weit immunisiert, dass er sich nun von einem Sklaven erstechen lassen musste.[53]

Lucullus aber begann nach seiner Rückkehr in Rom gewissermaßen ein zweites Leben. Er zog sich aus der Politik zurück und verwandte seine immensen Reichtümer, die er aus dem Osten mitgebracht hatte, zur Verschönerung seines Lebens: Mit prachtvollen Bauten, erlesenen Kunstwerken, üppigen Gastmählern, Häusern weit ins Meer hinaus gebaut, Fischzuchtanlagen für Süßwasser- und Seefische – und Gärten:

Selbst jetzt noch, wo doch der Luxus so überhand genommen hat, werden die Lukullischen Gärten zu den prächtigsten unter den kaiserlichen Gärten gezählt.[54]

Plutarch schrieb dies im 2. Jahrhundert, als die Gärten in kaiserlichen Besitz übergegangen waren. Lucullus und die anderen Feldherren Roms hatten im Osten die *parádeisoi* der dortigen Fürsten kennengelernt und verpflanzten die Idee nach Rom, wo die schattigen Refugien während der Sommerhitze einen angenehmen Aufenthalt boten. Und Lucullus und andere konnten ihrer Baumleidenschaft frönen. Lucullus liebte Bäume aller Art, wie die Zypresse – der heute typische Baum war noch nicht lange in Italien heimisch –, dann die Palme, die Pappel und natürlich die allseits geliebte Platane. Wir lieben am meisten denjenigen Baum, den er aus der Stadt Kerasos am Schwarzen

Meer mitgebracht hatte: die Kirsche (*cerasus*). Sie verbreitete sich schnell in der römischen Welt, auch nach Germanien.

Seine, übermäßig luxuriösen Gastmähler brachten Lucullus den Ruf eines Trendsetters der Esskultur ein, aber auch Tadel wegen seiner Verschwendung. Missbilligend erzählt Plutarch, Lucullus habe einmal, als er allein speiste, eine vergleichsweise bescheidene Mahlzeit aufgetischt bekommen und dem Küchenmeister daraufhin Vorwürfe gemacht. Auf dessen Entschuldigung, es seien doch keine Gäste eingeladen gewesen, rief Lucullus entrüstet aus: „Was? Wusstest du nicht, dass Lucullus heute bei Lucullus speist?"[55] Was wir heute tadeln würden, ist, dass er in großem Umfang auch Singvögel auftischen ließ, die gefangen und gezüchtet wurden.

Unweit der spanischen Treppe hat man in den Gärten des Lucullus Töpfe für Salatstecklinge ausgegraben. Vielleicht waren es importierte Sorten, die man wegen ihrer Seltenheit tischfein machte, wie später der Feldsalat, der Kaiser Tiberius so gut schmeckte, dass er ihn aus Germanien importieren ließ. Doch bleiben wir noch in den *horti*, den Parkanlagen.

EIN MÄZEN AUCH FÜR GÄRTEN

Nicht nur Luxus, sondern Kultivierung im wörtlichen Sinne brachten die Gartenanlagen eines anderen Römers, der sie, wenigstens teilweise, aus seinem ererbten Reichtum bezahlen konnte: Gaius Cilnius Maecenas war aus altem etruskischen Adel, nahm als Freund und Ratgeber des Augustus eine führende Position ein, die er wie bekannt zur Förderung dichterischer Talente wie Vergil, Horaz und Properz nutzte. Auf dem Esquilin hatte er sich ein palastähnliches Haus gebaut, mit einem Turm, der einen weiten Ausblick gewährte und von prunkvollen Parkanlagen umgeben war. Wenn Horaz zu einem Besuch bei seinem Freund und Gönner auf den Esquilin hinaufstieg, erinnerte er sich, wie es in diesen *novis hortis*, in diesem neuen Park, früher ausgesehen hatte: Hier war der Begräbnisplatz für Arme und Sklaven gewesen, und eine berüchtigte Hexe hatte hier ihr Unwesen getrieben und Knochen und Giftkräuter gesammelt, doch dank Maecenas ist's damit vorbei, jetzt wohnt man hier gesund.[56]

GÄRTEN FÜR DAS VOLK?

Ob man hier wohnen konnte, das heißt die Armen, die vorher hier ihre Toten notdürftig begruben, muss bezweifelt werden. Die Hügel Roms blieben eher ein Wohnsitz für die Reichen und Schönen, zumal für die Kaiser. Bemerkenswerterweise hatte aber Caesar in seinem Testament nicht nur jedem Bürger eine Geldsumme vermacht, auch seine jenseits des Tiber gelegenen Gärten sollten dem Volk gehören.[57] Als dieses Testament nach Caesars Ermordung öffentlich vorgelesen wurde, rührte gerade dieser Passus die Volksseele so sehr, dass nicht zum mindesten daraus jener gewaltsame Ausbruch der Volkswut entstand, der schließlich die Verschwörer zwang, Rom zu verlassen, der erste Schritt zu ihrer Niederlage. Caesars Nachfolger Augustus legte um sein Mausoleum Grünanlagen an, die er bereits zu Lebzeiten dem Volk zugänglich machte.

DAS AUDITORIUM DES MAECENAS

Maecenas, der verwöhnte Genussmensch, stattete sein Haus wie seine Gärten mit allem Luxus aus. „Ein stolzes Schloss, das hoch in die Wolken ragt", nennt es Horaz.[58] Er stellt sich vor, wie sein Freund, der ja auch Berater des Augustus ist, von seinem Turm aus in die Weite schaut und sorgenvoll an die Geschicke Roms denkt. Es ist Hochsommer – Maecenas soll sich einmal frei machen von seinen Geschäften und zu ihm aufs Land kommen. Er hat einen Krug guten alten Wein für ihn reserviert, ganz mild, dazu Rosen, ihn zu kränzen, und Balsam für sein Haar. Rosen und Reben: Das wird ihm die besorgte Stirn glätten.

Maecenas soll hier in seinem Park übrigens auch das erste beheizte Schwimmbad im Freien angelegt haben. Auf gärtnerische Interessen deutet es hin, dass ihm ein Buch über Gartenbau gewidmet wurde.[59] Zur Ausstattung von Park- und Gartenanlagen gehörten, wie bis in die Neuzeit üblich, Statuen von Göttern und mythischen Figuren; an Brunnenanlagen ließ man Nymphen sich lagern, oder die Göttin Venus schritt, reizvoll entblößt, gerade ins Bad. Die Statuenfunde aus den Gärten des Maecenas befinden sich heute in einem eigenen Saal des Kapitolinischen Museums im Konservatorenpalast (Sala degli Orti di Mecenate).

Das sogenannte Auditorium des Maecenas, das im Gebiet seiner Gärten ausgegraben wurde, hält man heute eher für eine Brunnenanlage, ein Nymphäum. An den Wänden befinden sich Nischen, die mit, allerdings nur fragmentarisch erhaltenen, Gartenszenen ausgemalt sind. Auch Reste von Wasserrohren sind noch vorhanden. Also kein Auditorium, kein „Hörsaal"? Man mag sich aber nur zu gern vorstellen, dass sich gerade hier, im intimen Rahmen bei leise plätscherndem Wasser, auf den Brunnenstufen sitzend, die Dichterfreunde um Maecenas versammelt haben. Zumal man weiß, dass dieser in seinen letzten Lebensjahren seiner geschwächten Gesundheit wegen ganz zurückgezogen lebte und sicher in seinem Park Erholung suchte, wo er sich an den Versen seiner Dichter erfreute.

Er starb 8 v. Chr. und vererbte seinen Besitz dem Freund und Weggefährten Augustus, der sich schon immer gern hier aufgehalten hatte. Bei Krankheit hatte er sich hier einquartiert, und sein Stiefsohn und Nachfolger Tiberius machte es ihm nach. Auch die späteren Kaiser genossen den Aufenthalt in den *horti Maecenatis*, die allerdings in einem wenig erfreulichen Zusammenhang wieder erwähnt werden.

Kaiser Nero hatte die Anlagen geerbt und, da er es großflächig liebte, das Anwesen des Maecenas auf dem Esquilin mit seinen Palastanlagen auf dem Palatin verbunden. Er hatte Parkanlagen geschaffen, die alles Bisherige in den Schatten stellten. Mit Kornfeldern, Weinbergen, Wiesen und Wäldern, mit zahmem und wildem Getier aller Art hatte er das Land in die Stadt hereingeholt. Anstelle des riesigen Teichs im Becken zwischen Esquilin und Palatin erbauten die Kaiser Vespasian und Titus dann das Kolosseum. Im Jahr 64 n. Chr. tobte tagelang der verhängnisvolle Brand in Rom, den Nero wenn nicht selbst gelegt, dann zumindest zu löschen verboten hatte, weil er darin die Gelegenheit sah, noch „großflächiger" zu bauen:

Diesem Brand schaute er vom Turm des Maecenaspalastes herab zu. In freudiger Begeisterung über die Schönheit des Feuerscheins – so drückte er sich aus – trug er in seinem üblichen Theaterkostüm eine Gesangsszene über die Eroberung Trojas vor.[60]

EIN PARK ALS GEFÄHRLICHER BESITZ

Gärten und Parks waren zu Statussymbolen geworden; die prachtvollsten mussten natürlich der kaiserlichen Familie gehören. Wenn ein Privatmann einen besonders schönen Garten besaß, konnte das bedrohlich werden. Wie für Valerius Asiaticus, der sich den Zorn Messalinas, der Gattin des Kaisers Claudius, zugezogen hatte.

Sie schreckte in ihrer Sexbesessenheit nicht davor zurück, eine Zelle im Bordell in Beschlag zu nehmen, und ärgerte sich über Valerius, den sie verdächtigte, er sei ihr einmal auf ihren amourösen Pfaden in die Quere gekommen, aber das war noch lange nicht alles:

> Und da ihre Gier nach den Parkanlagen, die einst Lucullus angelegt und die Valerius nun aufs Prächtigste verschönern ließ, nicht minder groß war, hetzte sie einen berüchtigten Denunzianten auf, ihn unter Anklage zu stellen.[61]

Valerius wurde zum Tod verurteilt, Claudius hatte sich aber für die „milde Form" entschieden, das *arbitrium mortis*, wobei der Delinquent zu Hause seine Todesart wählen durfte. Valerius entschloss sich dazu, sich (wie Seneca, dem die gleiche „Vergünstigung" unter Claudius' Nachfolger Nero zuteil wurde) die Adern zu öffnen. Vorher besichtigte er noch den Scheiterhaufen in seinem Park und befahl, ihn an eine andere Stelle zu versetzen, damit die schattigen Laubkronen der Bäume nicht unter dem Qualm leiden müssten. So viel Ruhe und Gelassenheit hatte er noch in seinen letzten Momenten, wie Tacitus hervorhebt. Messalina aber fand in eben jenen Gärten,

Die Vatikanischen Gärten in Rom zur Zeit des Barock; hier erkennt man noch die Anordnung antiker Parkanlagen mit ihren Terrassen, Blumenbeeten und Brunnenanlagen. Kupferstich um 1760.

die sie sich gewaltsam angeeignet hatte, ihr unrühmliches Ende, nachdem ihr verbrecherisches und sittenloses Treiben selbst von ihrem nachsichtigen Gatten nicht mehr zu ertragen war. Wenn wir uns heute ein Bild machen wollen von den römischen Gartenanlagen, können wir die Farnesischen und die Vatikanischen Gärten besuchen. Hier erkennt man noch die antike Anordnung eines solchen parkartigen Gartens, mit Terrassen, Blumenbeeten, Waldstücken, Brunnenanlagen, wie in der Villenarchitektur der römischen Kaiserzeit.

Doch die immer größeren Parkanlagen gefielen nicht allen. Horaz hatte es zwar begrüßt, dass an der Stelle der finsteren Gegend auf dem Esquilin nun die Gärten des Maecenas lagen. Aber er hatte dennoch seine Bedenken:

Bald werden die Riesenbauten mächtiger Herren dem Pflug nur wenige Joch Ackerland noch übrig lassen; allenthalben werden sich weite Wasserflächen von Zierteichen ausdehnen, größer als der Lucrinersee, und die nutzlose Platane wird die Ulmen verdrängen, an denen sich die Reben rankten. Dann werden Veilchenbeete, Myrten und die ganze Fülle duftender Blüten ihren Wohlgeruch durch die Olivenhaine verbreiten, die dem früheren Herrn noch fruchtbar waren. Mit dichten Zweigen wird der Lorbeer jeden heißen Sonnenstrahl fernhalten. […] Die Säulenhalle hat so riesige Ausmaße, nur damit sich ein einzelner darin im Schatten, vor jedem kühlen Lüftchen geschützt, ergehen kann.[62]

DAS GESCHENK DES MAECENAS

Wie hielt es Horaz selbst mit dem Landbesitz? Ein ererbtes Gut besaß er nicht; zwar stammte er vom Land, aus Venusia, heute Venosa in Apulien, aber sein Vater war ein Freigelassener, der dort bei Auktionen die Kasse verwaltete. Er zog nach Rom, um dem Sohn eine gute Ausbildung zu ermöglichen, und dieser zeigte sich zeitlebens dankbar für die väterlichen Erziehungsgrundsätze. Als nach Caesars Ermordung Marcus Brutus die Jugend im Namen der Freiheit zu den Fahnen rief, folgte Horaz in jugendlicher Begeisterung. Leider war der Traum von der Freiheit und der Wiederherstellung der alten *res publica* bald ausgeträumt: Die Niederlage bei Philippi 42 v. Chr. sah Horaz auf der Verliererseite.

Als Schreiber auf einer Amtsstube verdiente er sich ein kümmerliches Brot. Es heißt, er habe auf die Rückseite der Papiere seine ersten Gedichte geschrieben und sei so bekannt geworden. Durch Vermittlung Vergils wurde Maecenas auf ihn aufmerksam und lud ihn 38 v. Chr. gewissermaßen zu einem Vorstellungsgespräch ein, das Horaz selbst beschrieben hat,[63] mit bewunderndem Respekt für die unvoreingenommene Haltung des altadligen Herrn gegenüber ihm, dem Sohn eines Freigelassenen. Aus dem Respekt wurde eine lebenslange liebende Freundschaft, von Maecenas gekrönt durch ein Geschenk der besonderen Art:

> *Mein höchster Wunsch war einst ein kleines Feld,*
> *ein Garten, eine Quelle nah am Hause,*
> *und etwas Wald dazu, die Götter haben mehr*
> *und bessers mir gegeben: mir ist wohl,*
> *ich bitte weiter nichts, o Majens Sohn,*
> *als daß du mir erhaltest was du gabst.*[64]

Er bittet Merkur, den Sohn der Maja[65], weiterhin sein Schutzpatron zu sein, da er sich nun aus der Stadt mit ihrem Trubel und ihren ständigen Ansprüchen in seine Burg, sein kleines Anwesen in den Sabinerbergen zurückgezogen hat. Hier kann er sich in Ruhe seiner *musa pedestris*, seiner „Muse zu Fuß" widmen, wie er seine Satirebücher nennt.[66]

Christoph Martin Wieland, der kongeniale Übersetzer des Horaz, hat dieses Gedicht wohl mit besonderer Anteilnahme übersetzt, denn auch er wünschte sich ein kleines Gut, das er dann auch erhielt: Oßmannstedt vor den Toren von Weimar, wo er Lust und Leid eines Gutsherrn erlebte.

KOHL MIT SPECK STATT GROSSSTADTTRUBEL

Horaz stellt sich nun aus sicherer Entfernung vor, wie es in Rom wäre: Früh müsste er heraus, einen Gerichtstermin wahrnehmen, Bürgschaft stellen, bei der Vereinigung der Sekretäre, seiner ehemaligen Kollegen, anwesend sein – und immer wieder drängende Anfragen, Betteleien, er solle seinen Einfluss bei Maecenas geltend machen.[67] Ganz umsonst, dass der römische Dichter betont, er habe nichts zu tun mit den offiziellen Geschäften. So geht der Tag dahin, nicht ohne stille Seufzer:

Mein liebes Feld, wann sehen wir uns wieder?
Wann wird's so gut mir werden, bald aus Schriften
der Alten, bald in stillem Müßiggang
und ungestörtem Schlaf, ein liebliches Vergessen
der Stadt und ihres Lebens einzuschlürfen?
Wann werd' ich wieder selbstgepflanzten Kohl mit Speck
und dem Pythagoras verwandte Bohnen[68]
auf meinem Tische sehn! O wahre Göttermahle!
O frohe Nächte, wo ich mit den Meinen
es mir am eignen Herde schmecken lasse.[69]

Welch eine ländliche Idylle – man denkt an Curius und seine Rüben –, Cato mit seinem Kohl ist da, und es wird noch die Fabel von der Landmaus und der Stadtmaus erzählt, aber ob es Horaz, bei all seiner Begeisterung für das Landleben, ausgehalten hätte, einen Tag lang unter der Fuchtel Catos auf dem Acker zu arbeiten? Horaz gibt selbst zu, dass die Nachbarn nachsichtig lächeln, wenn sie ihn bei seinen landwirtschaftlichen Bemühungen sehen.

Aber sein Besitz muss nicht durchrationalisiert werden, er trägt sich selbst: Es ist eine *villa rustica,* ein Haus mit einer kleinen Landwirtschaft, mit einem Obst- und Gemüsegarten, ein wenig Viehhaltung sowie Getreide-, Oliven- und Weinanbau. Ein Verwalter und einige Sklaven bestellen das Anwesen in den Sabinerbergen unweit von Rom, nordöstlich von Tivoli, dem antiken Tebur.

Hoch droben inmitten waldiger Höhen, in der Nähe kleiner Orte wie Vicovaro und Licenza, liegen die Ruinen von Horazens Landgut. Es war im Vergleich mit den Gütern der reichen Zeitgenossen nicht ganz bescheiden, sondern etwa von mittlerer Größe; Maecenas wollte seinem Freund ja ein sicheres Aus- und Einkommen gewährleisten.

Die unteren noch erhaltenen Mauerschichten markieren den Grundriss einer ländlichen Villa zur Zeit des Horaz (sie wurde später in größerem Stil umgebaut), die teilweise von einem überdachten Gang umgeben war. In dieser Wandelhalle konnte man sich unabhängig vom Wetter aufhalten, in den Garten schauen und ungestört nachdenken und natürlich dichten.

„EINE QUELLE NAH AM HAUSE"

Im Garten bietet eine Quelle Frische und Kühlung in der Sommerhitze, und auch die Tiere kommen und genießen ihr kühles Wasser, ja sie ist sogar heilkräftig. Noch immer strömt die Quelle perlend und klar in einem kleinen Wasserfall von einem Berghang herab:

O Quell Bandusia, klarer als Kristall [...] Zu den berühmten Quellen wird man dich auch einmal zählen, da ich dich besinge, mit der Eiche über dem Felsspalt, aus dem deine murmelnden Wasser herab rinnen.[70]

Wenn eine spätere Bemerkung stimmt, dass es auch bei Venusia eine Quelle mit dem Namen Bandusia gegeben habe (der Name hängt mit *pandosía*, Allspenderin zusammen), so hat Horaz hier in seinem kleinen „heiligen Hain" auch die heimatliche Umgebung mit einbezogen in sein Refugium, das ihm Schutz und Geborgenheit und die nötige Freiheit schenkt. Und er will auch nicht zu denen gehören, die er angeprangert hat, die alles zubauen und das Ackerland vernichten. Wie es seiner philosophischen Grundeinstellung und seinen Ansichten über ein rechtes Leben entspricht, sagt er in seinem Gedicht, er wünsche sich nur, dass der Gott Merkur ihm diese seine Gaben recht zu eigen mache. Er will seinen Besitz weder durch Betrug vergrößern noch durch Misswirtschaft oder Verschwendung verkleinern, und er gehört auch nicht zu denen, die sich immer noch etwas dazuwünschen.

In einem Brief an einen Freund beschreibt Horaz sein Landgut im Sabinerland, seinem Ideal der Selbstgenügsamkeit entsprechend, mit Kornelkirschen, Schlehenbüschen, Eichen, von deren Früchten sich das Vieh ernährt: eine schlichte ländliche Idylle, die, noch vor Cato und Curius, auf die Urväterzeiten zurückgeht.[71]

So erscheint Horaz, was seine landwirtschaftlichen Ambitionen angeht, im Gegensatz zum Landwirt Cato eher als Leichtgewicht, nicht frei von Nostalgie, und Wieland hat wohl nicht ganz unrecht mit seiner Vermutung, Horaz habe sich mit seinem Dankgedicht und dem Preis des Landlebens sozusagen als Neuankömmling den alteingesessenen Nachbarn – Sabinern, also Leuten von altem Schrot und Korn – in günstigem Licht darstellen wollen. Wieland fügt aber hinzu:

Die Bandusia-Quelle bei der Villa des Horaz in den Sabinerbergen.

Kurz, wiewohl ich hier eine deutliche Absicht, sich bey seiner Sabinischen Nachbarschaft in Credit zu setzen, wahrzunehmen glaube: so beweiset doch der ganze Zusammenhang seiner Schriften, und eine gewisse aus allen hervorleuchtende Physiognomie des Geistes, dass die schönen Gesinnungen, die dieses Gedicht [Satire 2,6] so interessant machen, nicht geheuchelt, sondern Gefühle seines Herzens, und unverlöschbare Züge seines Charakters waren.[72]

Es waren Wesenszüge der Römer überhaupt: So sehr sie auch dem Großstadtleben verhaftet waren, so verleugneten doch die meisten nicht ihre Wurzeln im ländlichen Raum: wie Cicero, der zwar trotz aller misslichen Erfahrungen nicht ohne sein Rom leben konnte und der doch so warme – durchaus echte und nicht „nostalgische" – Töne für seinen Heimatboden, die Gegend um sein Gut in Arpinum, fand.[73]

„WEIDEN BESANG, FELDER UND HELDEN MEIN LIED"

Der Grabspruch, der von ihm selbst stammen soll, kennzeichnet Vergil als Dichter des italischen Landes. 70 v. Chr. ist er in Andes bei Mantua geboren; seine Eltern betrieben außer ihrer Landwirtschaft noch eine Töpferei. Noch heute sieht man in der Landschaft der Emilia Romagna vor den Gehöften oft Tonwaren aller Art zum Verkauf stehen. Die Eltern pflanzten der Sitte gemäß bei der Geburt des Söhnchens ein Pappelreis, das rasch zu einem stattlichen Baum emporwuchs. Von diesem Reis, *virga*, leitet sich die Namensform Virgil ab, die heute noch in den angelsächsischen Ländern gebräuchlich ist. Zur Schule ging Vergil in Mantua, das er als seine Heimatstadt, samt dem Fluss Mincio, mehrfach erwähnt. Vor den Toren der Stadt liegt Pietole, der kleine ländliche Ort, der beansprucht, das antike Andes zu sein, Vergils Geburtsort. Wirklich ist hier auch noch die ländliche Stimmung zu spüren, von der Vergil spricht:

Hast du ein wenig Zeit, so ruh dich aus hier im Schatten!
Hier umsäumt mit schwankem Schilf der Mincio grünend
Rings die Ufer, es summen aus heiliger Eiche die Bienen.[74]

Noch heute dehnen sich hier Kornfelder, Wiesen und Weiden, auch die Bewässerungskanäle sind noch da, mit kleinen Holzgattern als Schleusen, wie zu Vergils Zeiten. Hier in dieser Gegend soll Vergil nach einheimischer Tradition mit dem Dichten begonnen haben, und in der Tat ist dies die Atmosphäre seiner Hirtengedichte, der *Bucolica* oder Eklogen.

HIRTENLEBEN – KEINE LÄNDLICHE IDYLLE

Vergil übernimmt das Thema der Bukolik, der Hirtenpoesie, von dem hellenistischen Dichter Theokrit (geb. um 305 v. Chr.). Er stammte aus Sizilien, lebte und wirkte aber am Hof der Ptolemäerkönige in Alexandria, der ersten „modernen" Großstadt. Mit seinen „Idyllen", kleinen Gedichten, die in der ländlichen Welt spielen, mit Hirten, die verliebte Lieder dichten, singen und musizieren, hat er als Reaktion auf die überfeinerte Stadtkultur die erste dichterische „Zurück-zur-Natur-Bewegung" hervorgebracht.[75] Wie schon bei Horaz zu spüren, gab es auch in Rom einen Überdruss am Großstadtleben, aber auch an den luxuriösen Park- und Gartenanlagen, die der Natur einen Kunstcharakter aufzwangen. Vergil, der lieber in ländlicher Umgebung lebte als in der Großstadt, fühlte sich von dieser bukolischen Dichtung angesprochen. Doch seine Hirten leben nicht mehr, wie die des Theokrit, in Sizilien. Die Insel war von riesigen Latifundien bedeckt, jenen Monokulturbetrieben, von Sklaven bewirtschaftet, gegen die Cato seinen „mittelständischen Modellbetrieb" gesetzt hatte. Für Hirten, die unter einem Baum saßen und musizierten, war hier kein Platz mehr.

Vergil verlegt den Schauplatz seiner Hirtenpoesie nach Arkadien, einer einsamen, abgelegenen Landschaft auf der Peloponnes, der Heimat des Hirtengottes Pan, des Erfinders der Syrinx, der Panflöte. Doch die Gegenwart holt Vergil ein, die idyllische Welt der Hirten versinkt. Statt geruhsam unter einem Baum zu musizieren, wandern sie, vom heimischen Boden vertrieben, durch Italien: keine Hirten mehr, sondern Kleinbauern, die im Zuge der Landenteignung infolge der Bürgerkriege in die Fremde ziehen müssen.

Die Sichel ist zum Schwert geschmiedet, die Felder liegen verödet. Wer vermag die vom Bruderkrieg verwüstete Erde zu heilen? Vergil setzt seine Hoffnung auf den jungen Machthaber Octavian, obwohl dieser noch weit entfernt davon ist, zum späteren Friedenskaiser Augustus zu werden.

„GEORGICA" – EIN LEHRGEDICHT?

Italien war doch einmal die *Saturnia Tellus*, das Land des Gottes Saturn, der hier ein Goldenes Zeitalter begründet hatte. Und während der Bund der Mächtigen zerbricht und abermals Krieg die Welt überzieht, verfasst Vergil in Rom, nun im Kreise des Maecenas, seine *Georgica*, von der Tätigkeit des Landmannes, vom Ackerbau, von der Pflege der Bäume, von Weinbau, Viehzucht und Bienenhaltung – ein Lehrgedicht in vier Büchern in Versen – für wen? Für Bauern und Viehzüchter ist es zu poetisch; ist es für den Kenner der Poesie, der sich an den gelehrten Anspielungen auf Bücher wie Hesiods *Werke und Tage* oder die alexandrinische Dichtung erfreut? Wer ist aber der erste Leser bzw. Hörer? Kein anderer als Octavian, der 31 v. Chr. in der Schlacht von Actium Marcus Antonius und Kleopatra besiegt hatte und nun als Alleinherrscher des Römischen Reiches heimkehrte. Der Überlieferung nach macht Octavian 29 v. Chr. auf der Rückreise in dem kampanischen Städtchen Atella Halt, um ein Halsleiden auszukurieren, und dorthin kommt Maecenas, der das Werk angeregt hat, mit Vergil, und der Herrscher bekommt nun von Vergil, abwechselnd mit Maecenas, wenn Vergil heiser zu werden droht (nicht noch jemand mit einem Halsleiden), ein langes Gedicht über den Landbau vorgetragen.[76] Es muss den beiden klar gewesen sein, dass Octavian das Gedicht nicht als landwirtschaftliche Unterweisung, aber auch nicht nur als gelehrte Literatur verstehen sollte – damit hätte man den vielbeschäftigten Heimkehrer, der in Rom seinen großen Triumph zu feiern gedachte (*feriae Augusti*, noch heute Ferragosto) nicht aufhalten wollen.

KULTIVIERUNG DES BODENS WIE DES MENSCHEN

Von der friedlichen Tätigkeit des Menschen ist hier zu hören; *agricola*, der Landmann, bestellt die Erde und bringt *cultura*, Pflege und „Kultur", was sich besonders beim Anbau und der Pflege der Weinreben zeigt. Wie Ciceros Cato legt auch Vergils Landmann Wert darauf, dass die zarten Pflänzchen vorsichtig und sorgsam behandelt werden. Sie müssen erst an Stecken und Pfählen lernen, empor zu klimmen zu den Spalierbäumen, an denen sie dann wachsen. Dafür waren Ulmen am besten geeignet. Die Ulmen waren geradezu „verheiratet" mit den Reben, wie es schon Cato ausgedrückt hatte:

> *Haben sie dann starke Äste, umklammern bereits die Ulmen und sind hochgeschossen, dann schere ihnen das Haar, dann stutze die Arme – vorher erschreckt sie der Stahl –, und nun endlich übe strenge Disziplin und zähme wuchernde Ranken.*[77]

Auch hier wird die Pflege der Weinreben wieder in Beziehung gesetzt zu einem Erziehungswerk: Der Landmann kultiviert die Erde und die Pflanzen, wie der Lehrer seine Schüler den entsprechenden Altersstufen gemäß erzieht.

Vergil verweist auf die Wurzeln Roms: Die Römer waren von alters her ein Bauernvolk, das seine natürliche Ordnung auf dem Land und in der ländlichen Arbeit im Jahreslauf fand. Dieser Lebenskreis soll nun Vorbild sein für die neue Ordnung, die der Sieger schaffen muss. Cicero und andere hatten seinerzeit vergeblich an Caesar appelliert, nach seinen großen Siegen im Bürgerkrieg Rom auf ein neues, sicheres Fundament zu stellen. Der künftige Augustus nimmt den Appell an. Die *Saturnia Tellus* an der Ara Pacis, seinem Altar des Friedens in Rom, ist ein Symbol für die friedliche, Segen spendende Erde, zu der Italien wieder werden soll.

„ES NAHT DIE GEFRÄSSIGE WILDGANS ..."

Was hätte der alte Cato zu diesem Werk gesagt (oder ein Leser, der nicht nur Dichter, sondern Catos *De agri cultura* zu seinen Bücherschätzen zählte)? Cato hatte einst den Dichter Ennius nach Rom gebracht, war dem Poetischen also durchaus nicht abgeneigt und hätte wohl Gefallen gefunden an den zwar in Versen, aber doch mit großer Genauigkeit gegebenen Anordnungen etwa fürs Pflügen und Düngen. Und ständige Arbeit als das A und O: Saatgut entartet, Obstbäume verwildern, Wildgänse fressen die junge Saat, Ungeziefer sucht die Pflanzen heim. Ja, der Landmann ist wie ein Ruderer aufwärts im Strom; wer die Ruder sinken lässt, den treibt es zurück. Das Goldene Zeitalter ist ein für allemal vorbei; Jupiter, der oberste Gott selbst hat es so verfügt:

Der Vater selbst wollte, dass der Weg des Landbaus nicht leicht sein solle, ließ als erster planvoll die Äcker aufwühlen, durch Sorgen

Saturnia Tellus von der Ara Pacis in Rom: Als „Mutter Erde und Mutter Italiens" symbolisierte sie die Friedensherrschaft des Augustus.

schärfend die Herzen der Sterblichen, und duldete nicht, dass erstarrte in lastender Schläfrigkeit sein Reich.[78]

Die Arbeit ist also keine Strafe, wie bei der Vertreibung aus dem Paradies.[79] Die neue Zeit hat den Menschen erfinderisch gemacht, hat Künste und Fertigkeiten aller Art hervorgebracht:

Die böse harte Arbeit [labor improbus] hat alles siegreich gemeistert und die in schwerer Lage drängende Not.

Zur ständigen Arbeit gehört auch, bei Cato wie bei Vergil, die Tätigkeit an Feiertagen oder bei schlechtem Wetter. Und in seinem Lob des Landlebens und der Bauern[80] stimmt Vergil Catos Behauptung zu, dass aus dem Bauernstand die tüchtigsten Männer kommen. Vergil nennt die alten Sabiner, was Cato ebenfalls mit Befriedigung erfüllt hätte. Das sind kernige Männer, so wie er selbst und seine Gutsnachbarn.

VON DEN BIENEN IN DEN GARTEN

Am Ende der *Georgica* widmet sich Vergil ausführlich den Bienen, die mit ihrem auf gemeinschaftliches Handeln ausgerichteten Staatswesen und ihrer straffen Organisation ein Vorbild für menschliches Zusammenleben und Arbeiten abgeben. In jedem Garten stand ein Bienenhaus, denn Honig war, in Ermangelung von Zucker, zum Süßen unbedingt nötig, aber auch zum Würzen, Konservieren, als Heilmittel und für den beliebten Honigwein. So soll, sagt Vergil, ein entsprechend bepflanzter Garten die Bienen einladen – blühende Blumen und duftende Kräuter, wie sie die Bienen lieben: Rosen, Gartenmohn, Wicken, Melisse und Thymian, dazu Sträucher und schattenspendende Bäume.

Und der Dichter erklärt sodann etwas überraschend, wenn er nun nicht schon am Ende seiner Mühen die Segel gerefft und sein Schifflein dem Ufer zugewandt habe, würde er noch davon singen:

> *Welche Sorge und Pflege üppige Gärten schmückt, ich besänge die zweimal blühenden Rosengärten von Paestum, auch das fröhliche Gedeihen von Endivien und die Gurke, die sich durchs Gras schlängelt und bauchig heranwächst, schwiege auch nicht von der spät noch so üppig blühenden Narzisse oder der Ranke des gewundenen Acanthus, vom blassen Efeu und den strandliebenden Myrten.*[81]

Hier erscheinen die schon erwähnten Rosen aus Paestum, in der rhetorischen Stilform der *praeteritio*, des Auslassens. Dabei sagt der Redner, er wolle dies oder jenes beiseitelassen, etwa irgendwelche Fehltritte seiner Gegner, wodurch aber gerade die Aufmerksamkeit darauf gelenkt wurde. Auch Vergil kann des Interesses seiner Leser, besonders der Gartenfreunde sicher sein, wenn er seine Auffassung von der Arbeit als Grundelement für Natur und Kultur in ein Idyll umsetzt, das er mit leuchtenden Farben malt.

DER ALTE AUS CORYCUS – WER WAR ER?

Vergil hat nämlich, so erinnert er sich, einst in der Nähe von Tarent, am Fluss Galaesus, einen alten Mann getroffen, der aus Corycus stammte, einer Stadt in Kilikien in Kleinasien. Dieser hat nun bei Tarent ein Stück vom *ager relictus*, vom unvermessenen Staatsland, erhalten, nur wenige Joch:

> *[...] weder geeignet als Trift für Stiere noch tauglich zur Schafhaltung, noch günstig zum Weinbau. Und doch dünkte sich dieser*

Mann [...] im Herzen reich wie die Könige, und kam er spät erst zur Nacht heim, belud er den Tisch mit Speisen, die er nicht zu kaufen brauchte. Als erster pflückte er im Frühjahr Rosen und Äpfel im Herbst, und wenn der düstere Winter noch durch Kälte Steine sprengte und mit Eis den Lauf der Flüsse hemmte, schnitt er schon das Haar der weichen Hyazinthe [...].[82]

So hatte er auch als Erster Überfluss an jungen Bienen und Schwärmen und gewann Honig aus gepressten Waben; er besaß Linden und futterreiche Fichten, und wie viel Früchte der trächtige Baum in der jungen Blüte verhieß, ebenso viele trug er reif im Herbst.

Eine besondere Pointe liegt darin, dass dieser Mann, scheinbar der geborene Gärtner, ein Seeräuber gewesen war. Er kommt aus Corycus, und sein Heimatland gibt das Stichwort: Kilikien – er gehörte zu den Piraten, die Pompeius, als er der Seeräuberplage im Mittelmeer 67 v. Chr. endlich Herr geworden war, in ihrem Kern- und Rückzugsgebiet, dem Rauen Kilikien, gefangen genommen hatte. Es waren über 20 000 Mann, und Pompeius, nicht so skrupellos wie andere römische Feldherren, konnte sich nicht entschließen, sie alle zu töten. Er hielt es aber auch nicht für ratsam, Leute, die gewohnt waren, vom Kriegshandwerk zu leben, frei herumschweifen zu lassen:

In der Erwägung nun, dass der Mensch keineswegs von Natur ein wildes, ungeselliges Tier ist [...] und durch Gewohnheiten, durch Veränderung des Wohnorts und der Lebensart zur Kultur zurückgeführt wird [...], beschloss er, diese Leute nicht wieder aufs Meer zu lassen, sondern sie auf dem Land anzusiedeln und sie durch Gewöhnung an das Stadtleben und den Ackerbau eine sanftere Lebensart kosten zu lassen. Einige von ihnen fanden in den kleinen verödeten Städten Kilikiens, die jetzt mehr Ländereien erhielten, ihr Unterkommen, andere in zerstörten Städten, die er wieder aufbauen ließ[83]

Und der Mann aus Corycus kam in die Gegend von Tarent, und nun versteht man auch, warum er seine Anbaufläche aus dem *ager relictus* bekam, vom unvermessenen, also minderwertigen Land – übertreiben wollte man es mit der Wohltätigkeit nun auch nicht, schließlich hatten die Seeräuber fast das ganze Mittelmeer beherrscht und waren ein Schrecken für Rom gewesen. Aber der ehemalige Pirat zeigte es ihnen: Er machte ein Musterland daraus, auch wenn er darüber zum Greis wurde. Wie ein König fühlte er sich – die Resozialisierungsmaßnahmen hatten gegriffen. Oder stammte er eigentlich vom Land und war nur durch unglückliche Umstände Pirat geworden? Genug – wir erfreuen uns an dem schönen Garten und an der Story, aber es geht noch weiter. Vergil sagt abschließend, er wolle es anderen überlassen, das Weitere nach ihm zu besingen: Und es fand sich wahrhaftig einer!

GARTENBAU – POETISCH ODER PROSAISCH?

Lucius Junius Moderatus Columella, Anfang des 1. nachchristlichen Jahrhunderts in Gades (Cadiz) in Südspanien geboren, erlebte dort, wie sein Onkel seine großen Ländereien mit Geschick und Sachverstand selbst verwaltete, und wurde von der Liebe zum Landbau angesteckt. Er widmete sich ebenso engagiert seinen Gütern in Italien und teilte die Überzeugung Catos wie Vergils, dass auch heutzutage, trotz der Konkurrenz der Großplantagen, heimische Landwirtschaft möglich – und vor allem nötig sei. Wer in rechter Weise den Boden kultiviert, der „kultiviert" auch sich selbst.

Sein Werk in zwölf Büchern, *Rei rusticae libri*, widmet sich dem Ackerbau, den Baumpflanzungen mit Oliven und

Weinbau sowie der Viehzucht und Tierhaltung und den Bienen. Das zehnte Buch über den Gartenbau ist in Hexametern abgefasst, in der Nachfolge Vergils.

In der Vorrede wendet sich Columella an seinen Freund und Gutsnachbarn Silvinus. Ohne seine dringliche Aufforderung hätte er es nicht gewagt, in die Fußstapfen Vergils zu treten, obwohl es ja der Wunsch und Wille des verehrungswürdigsten Dichters war, dass jemand sein Werk ergänzen solle. Kenntnisse über den Gartenbau sind, sagt Columella, auch heute noch wichtig, wegen der Lebensmittel, die dort erzeugt werden. Aber natürlich nicht nur deswegen. Ganz im Stil Vergils beginnt er mit einem Anruf der Musen:

Nun denn, ihr pierischen Musen, lehrt jetzt im schlichten Lied den Anbau und die Aussaatzeit jedes Samens, lehrt, wie die Saaten gewartet werden, unter welchem Gestirn sie zu blühen beginnen, wann die Rosenbeete von Paestum treiben, wann die Schösslinge des Bacchus, oder wann der mit fremdem Reis belastete Obstbaum sich gütig unter adoptierten Früchten biegt.[84]

In der Nachfolge Vergils zeigt er, wie im Jahresablauf die Pflanzen wachsen, Blumen wie Gemüsepflanzen, und erklärt, welche Arbeiten jeweils nötig sind. Arbeit ist auch bei ihm ein Grundbegriff: *durior aeternus labor,* eine noch härtere, endlose Mühe, eine Reminiszenz an Vergils *labor improbus.*[85] Da muss kräftig gehackt und gedüngt werden, bis die Beete angelegt und die Wege darum herum angelegt werden können.

PURPURNER FRÜHLING

Nun werden sie alle gesät oder gepflanzt: die weißen Levkojen, die gelben Augen der Ringelblume, das Löwenmäulchen, das scherzhaft seinen grimmigen Rachen aufsperrt, Malven, Lilien,

Hyazinthen, dann die Veilchen, zu denen auch andere duftende Violen wie Goldlack gehören, Rosen natürlich, Lavendel, Krokusse, ein Geschenk aus der Fremde, von den Griechen aus Hybla in Sizilien. Im *ver purpureum*, im purpurnen Frühling, wenn die Sonne noch nicht zu stark strahlt, blühen und leuchten sie alle, der Lotos wie die Rose, und Columella wird poetisch – und dann doch wieder praktisch:

> *Auch die Göttin des Regenbogens glänzt nicht so schön, wie die lachenden Gärten mit ihren Kindern strahlen. Bringe Veilchen in Körben herbei und besprenge sie mit dem Wein des Bacchus; denn Bacchus gibt den Düften Dauer. Und ihr, Bauern, die ihr mit hartem Daumen die weichen Blumen pflückt, füllt das Körbchen, das aus grauem Schilf geflochten ist, mit rostroten Hyazinthen. Fast sollen die Rosen die gedrehten Binsenfäden sprengen, und der Korb, der mit flammenden Ringelblumen vollgestopft ist, soll aus den Fugen gehen, sodass Vortumnus reichen Überfluss an Frühlingsware hat und der Bauer, nach kräftigem Weingenuss mit schwankendem Schritt eine schwere Last von Münzen im Gewandbausch aus der Stadt nach Hause bringt.*[86]

Mögen vorher auch die Nymphen aufgefordert worden sein, mit leichtem Schritt auf den Wiesen Frühlingsblumen zu pflücken, schließlich und endlich sind die Kinder Floras eine Handelsware. Vortumnus gehört mit Pomona zu den Gottheiten des Gartens, aber er ist auch ein Gott der Wandlung – von Blumen in klingende Münze.

ES REGNET ROSEN

Schließlich gibt es ja einen großen Absatzmarkt für Blumen, wenn man einen Garten in Stadtnähe besitzt, wie schon Cato gesagt hatte. Allen voran für Rosen: Hier werden wieder jene von Paestum gelobt; Plinius weiß, dass sie auch andernorts mehrmals blühen, und er nennt noch andere Sorten, die für Salben und Öle verwendet werden.[87] Rosen wurden, wie die Blumen überhaupt, nicht als Sträuße in Vasen angeordnet, sondern, wie die Veilchen, als Kranzblumen verwendet.

Bei Gastmählern gehörten der Wein und die Rose zusammen: Es schwärmt Bacchus und es regiert die Rose, hieß es. Die Gäste erhielten Kränze aus Rosen umgelegt; bei den Vornehmen und bei den Kaisern regnete es Rosen: Duftende Blütenblätter schwebten von der Decke herab. Der exzentrische spätantike Kaiser Elagabal ließ den Boden seiner Palasträume mit Rosenblättern bestreuen, sodass er auf Rosen wandelte. Und er soll seine Gäste unter einem Blumen- bzw. Rosenregen erstickt haben.[88]

Für Rosenessenzen, die bei Gastmählern versprüht wurden, wandten nicht nur Nero, sondern auch andere snobistische Gastgeber astronomische Summen auf. Auch hingen von der Zimmerdecke Rosengirlanden herab, denn die Rose galt ebenfalls

Eroten beim Flechten von Girlanden. Für Festlichkeiten aller Art wurden so viel Girlanden gebraucht, dass man sie berufsmäßig herstellte. Umzeichnung nach einem Fresko aus Pompeji.

als Symbol der Verschwiegenheit: Was der Gast, dem der Wein die Zunge gelöst hatte, ausplauderte, sollte nicht über die Schwelle des Hauses hinausgelangen. Für die Heimfahrt konnte man den Gästen Duftkissen mitgeben, die in der Sänfte oder im Wagen die Gerüche der Großstadt „überdufteten".

ROSEN – LILIEN – MYRTEN

Mit Blumen umkränzte man auch die Götterbilder, und die Priester trugen bei ihren feierlichen Handlungen Kränze. Man denke an die Rosenkränze bei der Isisprozession, von denen der in einen Esel verwandelte Lucius fressen soll, um endlich wieder zum Menschen zu werden, wie es Apuleius in seinem Roman *Der goldene Esel* so anschaulich erzählt. Rosen blühten auch in der Unterwelt: Auf dem Wandgemälde eines Grabmals in Rom sieht man als Elysium für Kinder einen Rosengarten, zu dem gerade die kleine Tochter der Familie vom Totengeleiter Hermes gebracht wird. Mit Lilien schmückte man die Götterbilder und ihre Kultgegenstände; die Lilie war damals schon ein Symbol der Reinheit, aber auch der Trauer. „Mit Lilien füllt mir die

Beim Gastmahl und bei feierlichen Anlässen legte man Blumenkränze um, wie hier aus Myrte, Rosen und Efeu mit Veilchen.

Hände", bittet Anchises, der Vater des Aeneas bei Vergil, um seinen früh verstorbenen Römerenkel Marcellus zu ehren.[89]

Die Myrte war schon in Griechenland der Liebesgöttin geweiht; Aphrodite, wie sie von Sappho angerufen wird (vgl. S. 21), war die Göttin der blühenden Natur und damit auch der Gärten. In Rom bekränzten die Bräute am Hochzeitstag sich selbst und das Bild der Venus mit Myrte. Auch heute tragen Bräute noch einen Myrtenkranz, und in Italien kann man sehen, wie manche ihn nach der Hochzeitsfeier an einer Muttergottesstatue niederlegen.

BLUMEN FÜR DEN KAISERGEBURTSTAG

Götterfeste, Hochzeiten, Begräbnisse oder große Staatsaktionen – es gab also festliche und zeremonielle Anlässe genug, zu denen Blumen benötigt wurden. Da zog der Bauer oder der Gärtnerbursche in der Frühe mit seinen Körben zum Markt, die Blumen nach Sorten geordnet, zur Erhaltung des Duftes mit Wein besprengt und in feuchte Tücher eingeschlagen. Doch das genügte nicht: Wenn ein großes Fest in Rom bevorstand, etwa der Triumph eines Feldherrn und das anschließende Festbankett für das Volk, wurden Blumen und Girlanden in solchen Mengen gebraucht, dass man sie nicht in Körben, sondern in ganzen Wagenladungen nach Rom lieferte. Da genügt es auch nicht mehr, dass man ein paar Rabatten von jeder Blumensorte hat, die man verkauft, wenn sie gerade blühen. Man braucht Treib- und Gewächshäuser, um zu jedem gewünschten Zeitpunkt, wie etwa zu einem Kaisergeburtstag im zeitigen Frühjahr, Blumen liefern zu können. Hyazinthen zog man bereits im Winter, und um recht frühzeitig blühende Rosen zu haben, wurde ab Februar warmes Wasser an die Wurzeln gegossen. Der Dichter Martial preist Kaiser Domitian, dem der Winter schon frühzeitige Kränze von Rosen spendet.[90]

Und für Blütenduft genügten keine Duftkissen mehr; man brauchte destillierte Duftöle und Parfüms zum Besprengen der Wege, die der Kaiser entlang zog, oder der Sitzreihen im Circus: exklusive Düfte nun für jedermann.

Auch Columella konnte sich einer rationellen Art der Vermarktung wohl nicht entziehen. Nur bei den ganz Reichen, wie Kaisern und Königen, blühten Floras Kinder nur um ihrer Schönheit willen und um das Auge zu erfreuen. Hier denkt man an die Gärten und Parks, in denen die Vornehmen wandelten, doch das war für einen von ihnen zu alltäglich.

TRAUMSCHIFF MIT BLUMENBEETEN

König Hieron II. von Syrakus (geb. um 306 v. Chr.) hatte seine politischen Großmachtträume begraben müssen und war den Römern tributpflichtig geworden. Er lebte aber durchaus angenehm als Bundesgenosse Roms und konnte für Syrakus – und für sich selbst – eine Zeit großen Wohlstands erreichen. Dies dokumentierte er in vielen aufsehenerregenden Bauten; am meisten Staunen erregte ein Prunkschiff, das heutige „Traumschiffe" wohl noch übertraf. Es war nicht nur überdimensional groß, sondern mit jedem Luxus ausgestattet, sodass man sich wie an Land in einem Schloss dünkte. Im obersten von drei Stockwerken befanden sich ein Gymnastikraum und Promenaden entsprechend der Größe des Schiffes:

> *Dort gab es bunte Beete, die in verblüffender Weise von Blumen überquollen. Sie wurden durch verborgene bleierne Wasserleitungen bewässert. Auch gab es Lauben von weißem Efeu und Weinranken, die ihre Wurzeln in erdgefüllten Körben hatten. Sie wurden ebenso wie die Beete bewässert. Diese Lauben beschatteten die Promenaden. Es schloss sich ein Aphroditeheiligtum mit drei Liegen an, der*

Fußboden war mit Achat ausgelegt und den schönsten Steinen, die die Insel bot. Es hatte Wände und Decke aus Zypressenholz und Türen von Elfenbein und Duftzeder.[91]

Das Schiff hatte auch Wehranlagen, für die Archimedes eine Wurfmaschine konstruiert hatte. Und eigentlich sollte es Getreide transportieren. Freilich wurde Hieron von allen Häfen mitgeteilt, dass bei ihnen ein solches Schiff gar nicht landen könne. Da beschloss Hieron, seine Beziehungen zu König Ptolemaios von Ägypten zu verbessern, indem er ihm das Schiff schenkte und es nach Alexandria sandte. Dort wurde das Prunkstück an Land gezogen und ausgestellt, die Getreidemenge nahm man dankend an, da gerade Mangel herrschte.

Auch römische Herrscher neigten zur Megalomanie, wie Caligula. Er baute gleich zwei Prunkschiffe, allerdings nicht so groß. Sie sollten ihn an seinem Lieblingsort, am Nemisee, erfreuen und vor den lästigen Untertanen abschirmen. Der heute noch idyllische Kratersee in den Albanerbergen wurde der „Spiegel der Diana" genannt, die dort ein altes Heiligtum besaß, zur Stadt Aricia gehörig (heute Arriccia).

Caligula stattete die Schiffe mit allem Luxus aus, auch mit Blumenbeeten, und unternahm Fahrten mit feierlichen Zeremonien auf dem See, ebenso wie Nero. Die Schiffe waren später im See versunken; als man die technischen Möglichkeiten hatte, barg man sie, indem man den Wasserspiegel senkte. 1927–32 dauerte die Restaurierung, man wollte sie als Prunkstücke eines neuen Museums ausstellen, doch machte ein Bombenvolltreffer 1944 alles zunichte. In langwieriger Arbeit haben Archäologen nun dort am Nemisee im „Museo delle Navi Romane" Modelle und Rekonstruktionen der Schiffe erstellt – samt Blumenbeeten![92]

MUNTERMACHER AUS DEM GEMÜSEBEET

Doch zurück auf den Boden der gärtnerischen Tatsachen. Columellas Gärtnerburschen gehen natürlich nicht nur mit Blumen auf den Markt, sondern auch mit Körben voller Gemüse.

In einem ordentlichen Gemüsegarten muss es einfach alles geben:[93] Kohl und Salat, Rüben aller Art, Mohn, Lattich, Fenchel, Kresse, Gurken, Radieschen, Kürbis, Erbsen, Bohnen, Möhren, Zwiebeln, Knoblauch nicht zu vergessen, der sehr gesund ist, Mangold, ursprünglich ein Arme-Leute-Essen, und feinere Sorten wie Spargel und Artischocke, aber auch der Pastinak, ein Wurzelgemüse, das heute wieder zu Ehren kommt, und die Rauke, die nun als Rucola tischfein ist.

Als Aphrodisiakum bekannt sind unter anderem die weißen Zwiebeln aus Megara – von dort lässt man sich den Samen kommen – und wilde Rauke, die aus Nordafrika stammen muss, wo sie neben einem berühmten Heiligtum der Aphrodite wächst.[94] Man pflanzt sie am besten in die Nähe des zeugungsfördernden Priapus, des Gartengottes, dessen Statue mit übergroßem Glied, eigentlich zur Abwehr von „feindlichen Elementen" gedacht, jeden Garten ziert.

Im Kräuterbeet fehlt nichts, was auch heutzutage für die Küche unentbehrlich ist: Minze, Dill, Koriander, Thymian, Majoran, Kümmel, Kerbel, dazu Safran, der nicht nur zu Würz- und Färbemitteln, sondern auch zu Duftessenzen Verwendung fand. Rosenblätter und Safran ergaben ein erlesenes Parfüm.

Das Gemüse wurde für den Küchenzettel nach seiner Bekömmlichkeit ausgewählt. Lattich, Lauch, gab man Genesenden, um die körperliche Schwäche nach langer Krankheit zu überwinden, und Kresse war ein Muntermacher für Kranke wie für Gesunde. „Iss mehr Kresse", riet man einem allzu Bedächtigen. Schon früh im Jahr soll man die *radix syria* ziehen, die syrische Wurzel: den Radi oder Rettich. Es wird geraten, ihn fein geschnitten zur Tafel zu bringen, denn er reizt die Gäste zum Zechen beim Bier!

Weiterhin beliebt waren die einzelnen Kohlsorten, Catos Allheilmittel. Sehr vielseitig wurde auch der Sellerie verwendet, nicht nur als Salat und Gemüse, sondern auch als Tee, der aus den Blättern und dem Samen gewonnen wurde und bei Blasenleiden half.

GEGEN ALLES IST EIN KRAUT GEWACHSEN

Man sieht, dass es im römischen Garten kein streng abgeteiltes Küchenkräutereckchen gab; es ließen sich fast alle Kräuter und Pflanzen auch zu medizinischen Zwecken gebrauchen. Der beste Gewährsmann dafür ist Plinius der Ältere, der in seiner *Naturgeschichte* (in den Büchern 20–27: Heilmittel aus dem Pflanzenreich) eine Überfülle von Pflanzen mit Heilcharakter benennt und entsprechende Rezepte angibt. Er hatte Anre-gungen dazu erhalten durch seine häufigen Besuche im botanischen Garten des Arztes Antonius Castor in Rom, der, gesund und in hohem Alter, die beste Reklame für seine Kräutermedizin war. Der griechische Arzt sah sich in der Nachfolge des bedeutenden Pharmakologen Dioskurides, dessen Handbuch der Arzneipflanzen noch im Mittelalter, ins Lateinische übertragen, von großem Nutzen war.[95]

Plinius' Rezepte scheinen uns nicht immer ganz nachvollziehbar, so wenn Thymian nicht nur bei Bronchitis und Magen- und Darmkatarrhen, sondern, in besonderer Mixtur, gegen Melancholie und epileptische Anfälle helfen soll. Doch hatte er zweifellos recht, wenn er darauf drang, dass die Kenntnis der Heilkräuter, die im Garten oder am Wege wuchsen, nicht aussterben dürfe und man sich nicht allein auf die Ärzte verlassen sollte – von deren Kuren er bekanntlich nicht viel hielt.[96] Alte Männer standen da schlotternd in Kaltwasserbädern.

Ein Auszug aus den entsprechenden Büchern, von einem unbekannten Autor des 4. Jahrhunderts, war unter dem Titel *Medicina Plinii* noch im Mittelalter ein geschätztes Arzneibuch, Vorbild für die Klostermedizin, die ja auch mehr auf die Wirkung von Heilkräutern als auf ärztliche Künste setzte.

Nicht nur Kräuter, auch Blumen waren medizinisch zu verwenden. Wie ja auch die Königin der Blumen, die Rose, für Öl und Augensalben gut ist. Von allen Pflanzen wurden Früchte, Blätter, Stängel, Samen, Knollen und Wurzeln getrocknet, eingemacht, eingelegt und eingekocht – es gab eine Fülle von Tätigkeiten, die das ganze Jahr über zur Verwertung des reichen Gartensegens durchzuführen waren. Und aus den genauen Beschreibungen geht hervor, dass die landwirtschaftlichen Schriftsteller wie Cato, Columella und der noch zu nennende Varro durchaus keine reinen Theoretiker waren.

TIPPS FÜR DEN GEMÜSEANBAU

Aus ihrer reichen Praxis geben sie uns nützliche Ratschläge: Man soll, damit Kopfsalat und Endivie nicht zu schnell aufschießen, in die Mitte der Pflanze obenauf eine kleine Tonscherbe legen. Dann geht die Salatpflanze in die Breite und bildet schöne Köpfe. Gurken werden besonders schmackhaft und niemals bitter, wenn man die Kerne vor dem Stecken in Milch einweicht. Will man recht früh im Jahr Gurken oder Salat haben, besitzt aber kein Gewächshaus, so säe man in Körbe, die man auf einen Schubkarren stellt und mit Glasscheiben abdeckt. Man kann mit dem Karren stets der Vorfrühlingssonne nachfahren und ihn in kühlen Nächten auch bequem unter Dach bringen. Dieser Rat ist auch heute noch Gold wert, da die Pflänzchen auf einem Karren mit hohen Metallrädern vor der Invasion von Schnecken geschützt sind.

Unter Schädlingen aller Art hatte auch damals der Garten zu leiden, und Columella weiß, dass die Bauern, um einer solchen Plage Herr zu werden, mit *Tuscis sacris,* mit magischen Mitteln aus der Zeit der alten Etrusker, vorgehen. Tages, der etruskische Priester und Erfinder der Wahrsagekunst, habe einen Eselskopf an der Grenze der Feldmark aufgepflanzt. Columella weist, ebenso wie Plinius, solche Praktiken nicht ausdrücklich zurück; sie gehören zum Volksglauben. Er gibt aber folgenden Tipp:

Doch damit nicht Schädlinge die jungen Saaten fressen, war es oft hilfreich, die Pflänzchen zu imprägnieren und mit der fetten Pallasgabe Ölschaum ohne Salz sie zu besprengen oder reichlich mit schwarzer Asche aus dem häuslichen Herd zu bestreuen.[97]

Der Gärtnerbursche bringt natürlich auch Obst zum Markt. Columella liebt das Veredeln der Obstbäume; er pfropft, okuliert und experimentiert mit einer wahren Entdeckerfreude und berichtet stolz von seinen Erfolgen mit neuen Aprikosen- und Birnensorten, den „adoptierten Früchten". Auch Vergil hatte diese Tätigkeit in seinen *Georgica* empfohlen, die dann in den Klostergärten von Mönchen praktiziert wurde.

„VINDEMIA" – WEINLESEFEST

Nach der Feier des Vulcanusfestes, am 23. August, muss schon wieder neu ausgesät werden. Doch da reifen bereits die Trauben – und nun gibt Columella seinem Werk einen schwungvoll-poetischen Abschluss. Bacchus selbst ruft nach uns und fordert, dass wir die Rebgärten schließen (in denen es ja das ganze Jahr hindurch Arbeit gab) und uns fröhlich zu seinem Fest versammeln:

Bacchus, behängt mit Trauben, lässt seinen Panther den neuen Wein verkusten. Neben ihm ein stilisierter Vesuv. Die Erdschlange beschützt die Region.

„Vindemia" – Weinlesefest

*So singen wir und rufen dich, Bacchus, unter unser Dach, damit der Bottich brodle und die schäumenden Fässer, vom Falernersaft gefüllt, den fetten Most kaum fassen können.*⁹⁸

Die Weinlese (*vindemia*) war eines der größten Feste des Jahres, in Griechenland wie in Rom. Die prächtigste Schilderung findet sich im Roman des Longos aus dem Ende des 2. Jahrhunderts n. Chr. Auf einem großen Gutsbetrieb auf Lesbos leben die Hirtenkinder Daphnis und Chloe, die, inzwischen herangewachsen, immer noch die Nymphen verehren,⁹⁹ aber auch den Hirtengott Pan und Dionysos. Zum Fest der Weinlese wird der Herr erwartet, Dionysophanes, ein prächtiger Garten wird hergerichtet, an dem er sich erfreuen soll, und er lädt alle zu einem großen Fest zu Ehren des Dionysos ein, bei dem es Wein und Köstlichkeiten aller Art gibt. Und im Rahmen dieses Weinlesefestes nimmt auch das Schicksal der Hirtenkinder einen überraschenden, glücklichen Ausgang.

In Rom freuten sich ebenfalls alle auf die Weinlese; die Kinder hatten schulfrei, auch diejenigen, die nicht bei der Traubenernte helfen mussten, und kein Gutsherr ließ es sich nehmen, auf sein Landgut zu fahren und dort zu feiern. Selbst der ernste Mark Aurel zeigte sich als junger Mann auf den heimischen Gütern fröhlich und recht ausgelassen, wie wir aus seinen Briefen an seinen Lehrer Fronto wissen.¹⁰⁰ Er half tüchtig mit bei der Traubenlese auf dem Weingut seines Adoptivvaters, des Kaisers Antoninus Pius, der das Landleben liebte, und besonders seine Weinberge. Mark Aurel betrieb allerdings auch Lektüre: Er las Catos Werk von der Landwirtschaft, wohl nicht so sehr deshalb, weil er sich spezielle Ratschläge holen wollte, sondern weil Catos „altertümliches" Latein damals wieder stilistisch in Mode war. Zum Abendessen aber sitzt er mit der kaiserlichen Familie im Kelterhaus, und man hört mit Vergnügen den ausgelassenen Spottreden der Landleute zu, mit heiteren Späßen und Spielen, wie sie schon im frühen Griechenland üblich waren und wohl den Ursprung der Komödie bildeten. In Italien ist der Ausdruck *perbacco*, „beim Bacchus" (unserem „Donnerwetter!" entsprechend), noch davon übrig geblieben.

NICHT NUR STIPPVISITEN AUF DEM LAND

Man sollte aber durchaus nicht nur zu Festlichkeiten wie zur Weinlese einmal auf dem heimischen Gut aufkreuzen, meint Marcus Terentius Varro (116–27 v. Chr.), ein Land- und Gartenbauspezialist und Zeitgenosse Columellas. Varro war einer der gelehrtesten Männer seiner Zeit, Freund und philosophischer Gesprächspartner Ciceros in seinen *Academici libri*.[101] Von Varros umfangreichem Schrifttum ist gerade nur ein Nebenwerk erhalten, das aber zu seiner Herkunft aus dem bäuerlichen Sabinerland passt: die drei Bücher seiner *Res rusticae*. Buch 1 behandelt die Feldfrüchte, Buch 2 die Baumpflanzungen und den Weinbau, Buch 3 Viehzucht und Tierhaltung. Er sagt, er habe, da er schon in fortgeschrittenem Alter sei, dieses Werk (speziell das erste Buch) als Leitfaden für seine Frau verfasst, die auch selbst ein Gut besitzt. Varro sieht sich in einer Linie mit Cato und Columella: Landwirtschaft muss sein, als Gegengewicht gegen die immer mehr zunehmende Verstädterung mit dem übertriebenen Luxus, der zu einem sinnentleerten Leben führt. Aber er sieht auch einen praktischen Grund – wegen der Abhängigkeit von den Lebensmittelzufuhren von auswärts. An seinen lieben Zeitgenossen hat er allerhand zu tadeln:

> *Unsere Vorfahren bewirtschafteten ihre Felder* [...]. *Sie brauchten keine griechischen Sportstätten, aber wie ist es heute! Da ist es gar kein Gutshaus mehr, wenn es nicht lauter Räume mit griechischen Namen hat:* [...] *ein* ornithón, *ein Vogelhaus, einen* perípteros, *einen*

Säulenumgang, und eine oporothéke, eine Obstgalerie. Und die Hausherren haben sich in der Stadt in ihre vier Wände verkrochen, haben Sichel und Sense und den Pflug anderen überlassen und regen ihre Hände lieber zum Klatschen im Theater und im Circus anstatt auf den Feldern und in den Weinbergen. Die Einfuhr von Getreide übertragen wir an jemand, der es uns, damit wir satt werden, aus Africa und Sardinien herbeischaffen soll, und die Weinernte bringen wir mit Schiffen von den Inseln Kos und Chios ein. [102]

Italien brachte ja selbst guten Wein hervor; der Falerner, aus Kampanien und zu Zeiten Catos noch wenig bekannt, war nun geradezu ein Synonym für einen Spitzenwein. Und es gab drei Arten davon: herben, süßen und leichten. Beinahe ebenso geschätzt war der Caecuber, der aus einer Gegend von Latium stammte. Aber man wollte seinen Gästen natürlich nicht nur die heimischen Sorten vorsetzen; Wein von den griechischen Inseln wurde ja schon zu Homers Zeiten gerühmt. Dazu musste man noch den Wein vorrätig haben, der gerade bei Hofe geschätzt wurde, wie derjenige, den die Kaiserin Livia ausschließlich trank und auf dessen Genuss sie ihr hohes Alter zurückführte. Er schmeckte freilich etwas nach Arznei, aber Livia wurde immerhin 87 Jahre alt.

Varro meint, der Gutsherr solle zwar tüchtige Leute haben, vor allem einen versierten Verwalter und eine rege Wirtschafterin, aber nur wenn er selbst über profunde Kenntnisse verfügt und diese auch praktisch beweist, wird die Wirtschaft florieren und das Gut rentabel sein können. Dazu sind häufige Anwesenheiten nötig, nicht nur Stippvisiten. Ein Sprichwort sagt: „Das Auge des Herrn macht das Pferd fett", und Cato zufolge war die Stirn des Herrn mehr von Nutzen als sein Hinterkopf.

Doch Varro weicht etwas von der strengen Kosten-Nutzenrechnung ab (wobei ihm Columella vielfach zustimmt) und gesteht dem Gutsherrn zu, dass er sein Anwesen auch mit einigen

Annehmlichkeiten ausstattet. Sonst hat er keine Lust, länger zu bleiben, oder er kommt überhaupt nur sporadisch und nimmt sich keine Zeit, die Arbeit seiner Leute und die Buchführung seines Verwalters zu prüfen. Und die gnädige Frau: Sie wird sich langweilen und die Nase rümpfen, wenn es nach Mist riecht. Also sollte man das Angenehme mit dem Nützlichen verbinden.

FISCHE MIT HALSBÄNDERN

Das galt schon lange für die Fischzucht, die vom Erwerbszweig zum Hobby geworden war.[103] In den Gärten hatte man schon immer Fischbecken, *piscinae* (daher das Wort Bassin),

Fischzucht war vielfach zu einer snobistischen Liebhaberei geworden. Mosaik aus Pompeji.

für den eigenen Bedarf oder auch zum Verkauf. Dann aber bauten die reichen Herren wie Lucullus in ihren Villen am Meer Fischzuchtanlagen mit mehreren Bassins für Süß- und Seewasserfische. Für diese wurde das Meerwasser durch Kanäle hineingeleitet. Die Anlagen waren weit ins Meer hinausgebaut, was zivilisationskritische Zeitgenossen als Symbol der Hybris tadelten. Man lebte seine Liebhaberei auch im Fischbecken im Garten aus, seltsamerweise an solch räuberischen Exemplaren wie der Muräne, dem Seeaal. Allerhand Geschichten gingen um von der Anhänglichkeit großer Herren an diese Tiere. Sie schmückten sie mit Halsbändern und trauerten um ihren Tod. Die Lieblinge wurden nicht gegessen; zu Fischmahlzeiten wurde der Koch auf den Markt geschickt. Was Cicero zu bitteren Bemerkungen über die „Fischteichbesitzer" veranlasste, die überglücklich seien, wenn ihnen ihre Fischlein aus der Hand fressen, und die nicht merken, dass der Staat derweil zugrunde geht. Auch Columella sieht darin einen Niedergang der Sitten, dass ein Römer wie Licinius Muraena heute so stolz ist auf seinen Beinamen von einem Fisch, wie früher die Feldherren auf die ihrigen von besiegten Völkern. Aber wer nun einmal küstennahe Landstücke hat, von deren kargem Boden er keine Früchte der Erde ernten kann, der soll sich, meint er, eben für den Gewinn aus dem Meer entscheiden, wofür er Anleitungen gibt.

ORPHEUS IM TIERPARK

Schönes mit Nützlichem kann man etwa verbinden, indem man einen Säulenhof mit einem Wasserbecken anlegt, das sowohl als Zierteich wie als Viehtränke dienen kann. Und in den Obstspalieren kann man Bänke aufstellen und sich zum Abendessen niederlassen. Vogel- und Kleintierzucht gehörten zu den Erwerbszweigen auf einem Gut, und auch daran kann man Freude haben. Ein Vivarium, ein Wildgehege mit Hasen,

Rehen und Wildschweinen gewährleistet nicht nur stets frisches Fleisch für die Küche, man kann es auch in die Gartenanlagen einbeziehen. Wenn man will, kann man sich am Anblick der Tiere erfreuen und sie aus der Hand füttern statt essen. Man musste es ja nicht so weit treiben wie der berühmte Redner Hortensius, der seinen Gästen ein besonderes Spektakel bot: Ein als Orpheus verkleideter Wildhüter brachte durch musikalische Signale eine ganze Schar von Rehen und Hirschen und anderen Tieren herbei. Eine solche Tierschau als Zeichen der Beherrschung der Natur war auch beliebt bei den Fürstlichkeiten späterer Zeiten. Theodor Fontane berichtet von einem dänischen König, der sich 1844 im Schloss Eremitage bei Kopenhagen eine „Revue" von bis zu 3000 Hirschen vorführen ließ, die sich ohne Scheu, also offenbar gut dressiert bewegten, durch jagdliche Hege und Pflege statt eines „Orpheus".[104]

PFAUEN IM GARTEN

Geflügelhaltung kann ebenfalls Nutzen und Vergnügen bereiten. Es lassen sich verschiedene Arten des Hühnervolks züchten, Zwerghühner sind sozusagen die Schoßhündchen des Geflügelhofs. Pfauen kann man mästen und verspeisen, ihre Federn zu Fächern, Fliegenwedeln und zur Helmzier verwenden, doch sie sind auch eine Zierde, wenn sie durch den Garten stolzieren und ihr Rad schlagen, mit den unzähligen Augen, die wie Edelsteine funkeln. Für sie plädierte auch Columella:

> *Die Pfauenzucht zieht mehr das Interesse eines städtischen Familienoberhauptes als eines ernsthaften Bauern auf sich; trotzdem ist sie auch für einen Landwirt, der sich bemüht, alle Freuden zu gewinnen, die die Einsamkeit des Landlebens erträglich machen, nicht so abwegig. Die Schönheit dieser Vögel begeistert sogar Außenstehende, wie viel mehr also ihre Besitzer!*[105]

Allerdings ist ihre Haltung recht aufwendig und erfordert viel Sorgfalt, was Columella ausführlich beschreibt. Er ist überhaupt sehr um das Wohlergehen und die Gesundheit seiner Tiere besorgt, und wie es scheint, nicht nur aus ökonomischen Gründen.[106] Von den Pfauen, die zur Sicherheit nachts im Stall eingeschlossen werden, sagt er, man müsse sich darum kümmern, dass sie nicht auf dem Fußboden schlafen: Man muss sie aufheben und auf Stangen setzen, damit sie sich nicht erkälten. Auch gegen Krankheiten soll man sie Schützen

VARROS VOGELHAUS

In jedem Garten stand außer einem Bienenstock auch ein Taubenhaus. Cato hatte Taubenfleisch als leichte Mahlzeit für Rekonvaleszenten empfohlen. Tauben müssen auch pfleglich behandelt und in Stadtnähe, besonders bei Rom, in geschlossenen Taubenhäusern gehalten werden, da sie sonst den vier- und zweibeinigen Vogelfängern zum Opfer fallen.

Auf seinem Landgut in Casinum in Latium hatte sich Varro ein Vogelhaus erbaut. Es war ein wahres Wunderwerk, das in seiner Verbindung von Kunst und Natur die Gestaltungsprinzipien der Villen von Plinius dem Jüngeren und Kaiser Hadrians Teatro Marittimo in seiner Villa bei Tivoli vorwegnimmt.[107] Dieses „Gartenhaus", dessen Grundriss Varro mit einer am Oberteil abgerundeten Schreibtafel vergleicht, ist von Säulen umgeben, um die Netze gespannt sind. Die Vögel sind also nicht auf die Enge eines Käfigs beschränkt, sie können umher-, aber nicht fortfliegen, und boten wohl ein Bild, wie wir es von den Gartenmalereien im Haus der Livia in Rom oder in pompejanischen Häusern kennen. In der Mitte befindet sich ein Rondell, von Wasser umflossen, auf dem bunte Zierenten schwimmen. Auf dieser Insel aber befindet sich ein „Wasser-Triklinium", ein Speisesaal im Freien, mit Liegesofas

Malerei im Gartensaal des Hauses der Kaiserin Livia in Rom.

und einem runden Tisch in der Mitte, der sich drehen lässt, sodass jeder Gast an die Schüsseln mit den Speisen kommt. Gleichzeitig kann man um sich herum, wie in einem Theater, die verschiedenen Arten von Vögeln beobachten, darunter Nachtigallen und Amseln, auch weiße, als eine Seltenheit.

Dieser Gartenpavillon trug eine Kuppel, durch die man die Sterne beobachten konnte, mit einem drehbaren Apparat, der ein Modell des Himmels mit dem Lauf der Gestirne bot – eine höchst innovative Erfindung. Varro und seine gelehrten Freunde trieben also recht vielseitige Naturstudien. Das Vogelhaus, samt dem gelehrten Apparat, über den viel gerätselt wurde, regte die Fantasie der Renaissancebaumeister an. In den Farnesischen Gärten und anderswo ging man daran, das *Aviarium Varronis*, die Uccelliera, nachzubauen.

ALLE SEINE WEINSTÖCKE KENNEN

Obwohl Varro, ebenso wie Columella, gern die kernigen Altvorderen zitiert, die noch selbst ackerten und pflanzten, konnte er doch das Rad der Zeit nicht zurückdrehen. Latifundien, also Plantagen mit Monokulturen auf der einen, Großgrundbesitzer mit immer luxuriöseren Anwesen auf der anderen Seite – dazwischen aber gab es doch noch still vergnügte kleine Landbesitzer wie Horaz und andere Dichter und Gelehrte, die das einfache Leben zu schätzen wussten, die sich allerdings auch kein Kopfzerbrechen machen mussten wegen der Rentabilität.

Plinius der Jüngere bittet einen Freund, dafür zu sorgen, dass der mit ihm befreundete Sueton, der Verfasser der Kaiserbiografien, recht günstig zu einem zum Verkauf stehenden Landgütchen kommt:

Bei diesem kleinen Landgut reizt, wenn nur der Preis annehmbar ist, vieles den Geschmack meines Sueton: die Nähe zur Stadt, die günstige Lage zur Straße, ein Landhaus von mäßiger Größe, der Umfang der Ländereien, der mehr Ablenkung schafft als intensiv beansprucht. Solchen gelehrten Herren (scholasticis) aber, wie er einer ist, genügt völlig soviel Boden, dass sie ihren Kopf erholen, ihre Augen erfrischen, an der Grenze entlang schlendern, immer auf dem gleichen Weg spazieren gehen, alle ihre Weinstöcke kennen und ihre Bäumchen zählen können.[108]

EIN KLEINES KÖNIGREICH IN SPANIEN

Auch der Dichter Martial, des Lebens in Rom (und der Kaiserlobpreisungen) müde, wünscht sich einen solchen günstigen Ruhesitz (*secessus*) und formuliert dies natürlich auf poetische Weise: Er redet sein Büchlein an, das auf die Reise gehen soll, nach Spanien ins heimatliche Bilbilis. Dort soll es die alten Freunde grüßen und einen von ihnen bitten, für ihn einen angenehmen, bequemen und nicht zu teuren Ruhesitz zu finden. Und er hat Glück:

Dieser Hain, diese Quellen, dieser von überhängenden Reben geflochtene/ Schatten, dieser künstlich gelenkte Fluss mit seiner bewässernden Flut, / die Wiesen und die der zweimaligen Blüte Paestums nicht nachstehenden Rosengärten, / der Kohl, der im Monat des Janus grünt und nicht erfriert, / der Aal aus heimischer Zucht, der im geschlossenen Teich schwimmt, / und der weiße Turm, der gleichfarbige Vögel birgt, / sind Geschenke der Herrin. Dem nach sieben Jahrfünften Zurückgekehrten / hat Marcella dieses Haus und dieses kleine Königreich gegeben. / Wenn Nausikaa mir die väterlichen Gärten überließe, / könnte ich zu Alkinoos sagen: „Ich will meine lieber."[109]

Wahrhaftig ein kleines Königreich – es ist mit allem ausgestattet, was eine Villa haben muss, oder der Dichter hat dafür gesorgt, dass zumindest im Gedicht nichts fehlt. Da sind die oft gepriesenen Rosen von Paestum, der Schatten der Reben, der Kohl, der Aal – Fische als unentbehrliches Luxusgut, das Taubenhaus, und alles gipfelt schließlich in der Reminiszenz an die Zaubergärten schlechthin, die Gärten der Phäaken in der *Odyssee*, für die Martial dieses sein Paradies nicht hergeben würde. Seine Patronin Marcella wird zufrieden gewesen sein und sich erinnert haben an das Wort ihres Schützlings, wenn es Mäzene gäbe, würden auch die Dichter nicht fehlen.

DIE „MODERNE" VILLA

Varro mokierte sich zwar darüber, dass eine Villa nun mit allem möglichen Luxus ausgestattet sein muss, ganz schick auf Griechisch. Ohne diese Annehmlichkeiten ging es aber offenbar nicht mehr, und selbst philosophische Gemüter wie Cicero brauchten nun ein luxuriös-geschmackvolles Ambiente, um ihrer Persönlichkeit einen kultivierten Rahmen zu geben und ihre gesellschaftliche Stellung angemessen zu repräsentieren. Dafür ist Varros Gartenpavillon das beste Beispiel. Der Bau leitet über zur Villenarchitektur der Kaiserzeit, wie sie in den pompejanischen Häusern zu sehen und in den Beschreibungen des jüngeren Plinius nachzulesen ist. Die „griechischen Räume" wurden gängiger Stil, sowohl für die *villa rustica*, die Landvilla, wie für das Stadthaus, die *villa urbana*, und der Garten fand seine beliebte Form als Gartenperistyl, als „grünes Wohnzimmer".

DRINNEN UND DRAUSSEN – DER GARTEN IM HAUS

In der *villa urbana*, dem typischen Stadthaus im pompejanischen Stil (der freilich variieren konnte), war der Haupt- und Repräsentationsraum das Atrium. Es öffnete sich auf ein Peristyl hin, einen Säulengang. Dieser umschloss einen Innenhof, der als Garten angelegt war, mit steinernen Ruhebänken, Tischen, Statuen und Wasserbecken. Hier schloss sich auch das Sommer-Triklinium an, ein Speiseraum im Freien. Innen und Außen gingen ineinander über; man war in der Natur und doch zu Hause. Die Gärten, wie wir sie in den Villen am Vesuv noch erleben können, erscheinen als kleine Paradiese und als Höhepunkt der römischen Gartenkultur. Es gab die Form eines kleineren Vierecks, mit einem Wasserbecken oder einem Brunnen in der Mitte, der Garten konnte aber auch weiter hinaus gehen, mit einem Kanal, der von Rabatten und Buchsbaumhecken umgeben und von einem Rebenspalier überdacht war. Die Reben haben eine zusätzliche Aufgabe: Im Garten spenden sie Schatten. Bewässerung, die fruchtbare Vulkanerde und die Abschirmung vor Wind und Wetter durch die Säulengänge gewährleisten das Blühen und Grünen vom Frühjahr bis in den späten Herbst hinein. Der sakrale Charakter der Natur, wie er im heiligen Hain spürbar war, wird auch in die Gärten übertragen, durch kleine Altäre für die Hausgötter und die zahlreichen Götterstatuen, die freilich nicht nur rein religiösen Charakter hatten.

Der Garten im Haus: ein „grünes" Wohnzimmer. Wandmalerei, Casa del Frutteto, Pompeji.

BILDUNG IM GARTEN

Das lang gestreckte Wasserbecken im Garten hieß Euripus, nach der Meerenge zwischen Böotien und der Insel Euböa, deren Strömung ihre Richtung mehrmals täglich wechselt, was sie zu einem sehenswerten Naturschauspiel machte. Der Wasserkanal zu Hause als Euripus[110] – natürlich musste man als gebildeter Römer auf einer *Grand Tour,* wie später die Adligen Europas, alles besichtigt haben, was Natur und Kultur Griechenlands boten. Später aber wurde der Kanal Canopus genannt, nach einem Arm des Nils, der nach Alexandria führte, wo man in angenehmer Umgebung Erholung aller Art, von lockerer Gesellschaft bis zu religiöser Einkehr, fand. Inzwischen war Ägypten römische Provinz, seit dem 2. Jahrhundert ohne Sonderstatus, das heißt, man konnte ungehindert dorthin reisen, und Ägyptens Sehenswürdigkeiten gehörten fortan zum Bildungsprogramm. Nun hieß der Gartenkanal Canopus, wie in Hadrians Villa bei Tivoli, die einen Garten im Großformat

Hadrians Villa in Tivoli mit dem sogenannten Teatro Marittimo, einer kleinen Villa als kaiserlichem Refugium auf einer künstlichen Insel.

besitzt. Man konnte seinen Gartenkanal auch gleich Nilus nennen, mit bunten Enten darauf, die auf ägyptische Liebesszenerien deuteten, und einer liegenden Sphinx am Rand. Längs des Kanals waren Statuen aufgestellt, einzeln oder in Gruppen, nach den besonderen Interessen der Hauseigentümer. Griechische Dichter, Philosophen, Herrscher, Sportler wie der berühmte Doryphoros (Speerträger) oder Bacchus mit seinem Gefolge der Satyrn, Silene und Mänaden, dazu Nymphen und Musen. Oder mythische Helden wie Achilleus, den sich noch Kaiserin Elisabeth von Österreich in ihrem Garten auf Korfu eigens wünschte. Ob man nun in Ägypten gewesen war, ob man seine Freizeit mit der Lektüre der Geistesgrößen verbrachte, auf Griechisch natürlich: Die Villa – man denke an die Wandmalereien und Mosaiken – und besonders der Garten waren eine „Bildungslandschaft".[111] Freilich gab es auch kritische Äußerungen über diese „Dekorationsstücke". So sagt Ciceros Freund Atticus, über den Prunk und Pomp der Villen, zumal über diese künstlichen Kanäle, die da Nil und Euripus genannt werden – darüber könne man doch nur lachen, wenn man hier bei Arpinum mitten in einer so ursprünglichen Landschaft sitzt, wo noch die Natur die Herrschaft behauptet (und wo Cicero mit Bruder und Freund über die Gesetze diskutiert[112]).

NATUR ALS KUNST – KUNST ALS NATUR

Die kultivierte Atmosphäre sollten die Gäste spüren, die man häufig einlud in die Freiluft-Triklinien, zu sommerlich-südländischen Banketten. Die Liegemöbel waren entweder aus Stein und bereits am Ort, oder es wurden solche aus edlem Holz, kostbar verziert, jeweils herausgebracht. Auch hier konnte man seinen Geschmack beweisen, wie bei den Tischen mit Löwenfüßen, wie sie im Garten des Hauses der Vettier zu sehen sind, neben Statuen von Knaben, die eine

Gans unterm Arm halten, deren Schnabel als Wasserspeier dient. Wasser plätscherte und sprühte allenthalben; durch raffiniert geführte Rohrleitungen stiegen große oder kleine Fontänen in die Höhe oder benetzten die Pflanzen. Nymphäen, Brunnenhäuser, mit Springbrunnen und Wasserspielen aller Art, waren eingegliedert in die Architektur, oft angeschlossen an die Freiluft-Speiseräume, wie das in wunderschönem Blau gehaltene Nymphäum in einem Haus in Herculaneum, das seinen heutigen Namen nach dem dortigen Mosaik von Neptun und seiner Gemahlin Amphitrite hat.

Man hat versucht, den Garten des Vettierhauses neu anzupflanzen, wozu man Analysen von in der Asche gefundenen Pflanzen- und Baumresten machte. Man sieht hier den beliebten Buchsbaum, der vom *tonsor*, dem Baumfriseur, in alle Formen geschnitten wurde, lang, kugelig, in Figuren, geradezu ein Symbol für den Wunsch nach einer Beherrschung der Natur. So sieht man auch heute wieder kleine gestutzte Buchsbäumchen in Töpfen, als künstliche Natur, in den Reihenhausgärtchen.

Der Garten sollte überall zur Verfügung stehen: Zauberhafte Malereien lassen ihn, mit Blumen, Obst und Tieren, ins Haus hinein wachsen, oder er ist im Stadthaus in gemalter Form der Ersatz für den echten Garten. Im Haus der Livia am Stadtrand von Rom glaubt man, die Büsche, Bäume und Vögel in leichter Bewegung zu sehen.

Die Säulen des Peristyls waren von Weinlaub umrankt: Gott Bacchus mit seinen Gaben war anwesend bei den Gastmählern im Freien. Hier wurden die guten Weine gereicht, die auf der vulkanischen Erde am Hang des Vesuvs gediehen – wie heute noch die Lacrimae Christi. Manche Besitzer prächtiger Villen, wie der Villa dei Misteri, verdankten ihren Reichtum dem Wein, den sie anbauten und verkauften. Der eine Vulkankegel, der Monte Somma, war dem Bacchus geweiht, und in einem

Gedicht nach dem Vesuvausbruch denkt Martial daran, wie der Berg beschattet war von grünenden Reben, wie hier der edle Traubensaft gepresst wurde – Bacchus hat diese Höhen besonders geliebt, nun aber ging alles in Flammen auf und liegt unter Asche begraben: Ob es nicht selbst die Götter gereut, dass sie dies Unheil nicht verhindert haben?[113]

SPEISEN IM WASSER

Der Clou luxuriöser Bewirtung aber war ein Wasser-Triklinium im Garten, wie es die Villa dei Papiri in Herculaneum besaß. Sie hat ihren Namen von der reichen Bibliothek, die man dort gefunden und deren Schätze man teilweise hat wiederherstellen können. Es sind hauptsächlich Schriften des Epikur und seiner Schule. Sein Wahlspruch lautete ja: „Lebe im Verborgenen", das heißt ohne öffentliche Tätigkeit, nur im Kreis gleichgesinnter Freunde. Der *secessus*, der Rückzug ins Private, zur Zeit Ciceros noch als unrömisch getadelt, fand gerade hier im Genießerparadies am Golf von Neapel immer mehr Anhänger.

Die Villa ist rekonstruiert als Paul Getty Museum in Malibu/Kalifornien: Der Bau bietet in seiner Gesamtheit, mit mehreren Peristylhöfen, Wasserläufen und weiträumigen Gartenanlagen, einen einzigartigen Eindruck. Hier sieht man mitten in einem großen rechteckigen Wasserbecken einen Platz zum Dinieren, von hinten durch eine hölzerne Brücke zu erreichen. Steinerne Bänke für die Gäste – auch die Speisen standen im Wasser; sie schwammen in Gefäßen herum, von dienstbaren Geistern den Gästen zugänglich gemacht. Varro würde freilich sagen, dass *er* das auch schon gehabt habe – in seinem Vogelhaus.

Das originellste Speisezimmer im Wasser hatte freilich Kaiser Tiberius: in der Grotte von Sperlonga, die zu den Gartenanlagen einer kaiserlichen Villa gehörte. Vor der Grotte befindet sich ein Wasserbecken mit einem „Insel-Triklinium".

Hier in der Grotte von Sperlonga tafelte Kaiser Tiberius mit seinen Gästen.

Der Kaiser und seine Gäste speisten hier und konnten in die Grotte hineinschauen, die ein Szenarium von Statuengruppen bot. Die vor noch nicht langer Zeit geborgenen Kunstwerke befinden sich nun im Museum von Sperlonga (der Name kommt von der Grotte, *spelunca*). Bewunderung erregen die großen Darstellungen vom Schiff des Odysseus, aus dem die grimmige Skylla die Gefährten raubt, oder die Gruppe mit Polyphem, der von Odysseus geblendet wird. Die Schöpfer sind Künstler aus Rhodos, wie sie auch die Laokoongruppe geschaffen haben: Nachbildungen griechischer Kunstwerke, aber so vollendet, dass man sie für Originale hielt. Tiberius hatte eine Zeit lang auf Rhodos gelebt, vielleicht standen die Originale dort in Parks oder Tempelgärten. Hier waren sie Träger einer römischen „Bildungslandschaft", doch waren die griechischen Heroen – es gab in Sperlonga noch kleinere Gruppen mit homerischen Helden – zugleich auch ein Zeugnis herrscherlicher Attitüde. Griechenland und der griechische Osten sind nun Teil des Römischen Reiches; die Römer haben auch das kulturelle Erbe der Griechen übernommen, und sie sehen sich über ihren Stammvater Aeneas als Abkömmlinge der Trojaner, wie es Vergil in seinem Nationalepos darstellt.

HADRIANS VILLA

Die Vereinigung und Präsentation römischer und griechischer Kultur findet ihren Höhepunkt in Kaiser Hadrians Villenanlage:

> *Seinen Landsitz bei Tivoli baute er auf erstaunliche Weise aus, er griff nämlich die klangvollsten Namen von Provinzen und Örtlichkeiten wieder auf; so schuf er sich sein Lykeion, seine Akademie, sein Prytaneion, sein Kanopos, seine Poikile und sein Tempe; und um ja nichts auszulassen, stellte er sogar die Unterwelt dar.*[114]

Was bei den Villenbesitzern in Pompeji und anderswo als Bildungsreminiszenz oder Dekoration erscheint, war beim Reisekaiser Hadrian Erinnerung an Erlebtes. Er hatte in seiner Lieblingsstadt Athen die Schulen der Philosophen besucht, das Lykeion des Aristoteles und Platons Akademie, und mit den dortigen Schulhäuptern diskutiert. In der *stoa poikile*, der bunt bemalten Säulenhalle, die der Stoa ihren Namen gegeben hat (deren Reste in Tivoli, nicht sehr aufschlussreich, die Aufschrift *Pecile* tragen), hatte er ebenfalls Diskurse geführt. Im Prytaneion, dem athenischen Rathaus, war er zum Archon, einem der führenden Beamten, und zum Ehrenbürger der Stadt ernannt worden. Das Tempetal, eine enge Schlucht in Thessalien, war ein beliebtes Reiseziel, als ein wildromantischer Ort, wo sich am Fluss Peneios die Nymphe Daphne in einen Lorbeerbaum verwandelt hatte. Apolls Lorbeer in Delphi wurde alle acht Jahre von einer Festgesandtschaft von hier geholt. Hadrian schaute in Tivoli von einem luftigen Aussichtsplatz aus in sein Tempetal hinunter. Die Unterwelt war wohl ein Nachbau der Plutogrotte in Eleusis bei Athen, als Erinnerung an Hadrians Einweihung in die eleusinischen Mysterien.

Der Kanopos aber, an dessen Ende sich das Serapeion befindet, ein kleiner Speisesaal, dem ägyptisch-griechischen Gott Serapis geweiht, hatte eine ganz persönliche Bedeutung für den Kaiser. Halb dienstlich, halb privat hatte er bei einem Aufenthalt in Ägypten eine Nilfahrt unternommen, zusammen mit der Kaiserin Sabina und ihrem Hofstaat, aber auch mit seinem Liebling, dem schönen griechischen Jüngling Antinous. Dieser ertrank eines Nachts im Nil. War es ein Unglücksfall, hatten ihn missgünstige Höflinge beseitigt, oder war es ein Opfertod? Für Letzteres spricht der Hinweis, der sternen- und horoskopgläubige Kaiser habe eine Weissagung erhalten, er werde bald sterben, wenn sich nicht ein anderer für ihn opferte. Das

Bildungsprogramm im Garten der Villa Hadrians: Figurengruppe mit Amazone und Krieger.

Todesdatum spricht ebenfalls für diese Deutung: Es war die Nacht vor dem Gedenktag des Gottes Osiris, der im Nil den Tod gefunden hatte (er lebte auf geheimnisvolle Weise weiter und wurde mit dem Gott Serapis verbunden), und es war in Hermopolis, wo man gerade das traditionelle Nilfest gefeiert hatte. Und jeder, der im Nil ertrank, wurde zu einem neuen Osiris, einer heil – und Segen spendenden Gottheit.

Hadrians Trauer war unendlich. Er ließ eine Stadt zu Ehren des Jünglings erbauen, Antinoupolis, und als man ihm einen neu aufgegangenen Stern zeigte, glaubte er, der Tote sei zu den Göttern aufgestiegen, und ließ ihn dementsprechend verehren. Nach Rom zurückgekehrt, schuf Hadrian in seiner Villenanlage würdige Orte der Verehrung. So ließ er ein Heiligtum mit einem Obelisken errichten. Viele Statuen des schönen Jünglings mit dem leicht schwermütigen Ausdruck standen in den Gärten; eine dort gefundene zeigt Antinous in ägyptischer Manier, als Pharao oder Osiris.[115] In seinen Inselpavillon, heute Teatro Marittimo genannt, der von kleinen Gärtchen mit Blumenbeeten umgeben war, konnte sich der Kaiser zurückziehen und nachts durch die Kuppel Ausschau halten nach dem Stern des Antinous.

„MEIN TUSCULANUM ..."

Zu den reichen archäologischen Zeugnissen der Villen- und Gartenarchitektur treten die literarischen Äußerungen, die zeigen, welcher hohe Stellenwert das Leben in den Villen und Gärten, die Villeggiatur, für die Römer hatte.

Otium und *negotium*, Muße und Tätigkeit, der Aufenthalt in der Stadt und der in der Landvilla, sollten sich abwechseln und ergänzen. In der Stadt musste ein Senator schon am frühen Morgen daheim seine Klienten begrüßen, Angehörige meist sozial niedrigerer Schichten, die sich dem Schutz eines angesehenen Mannes unterstellt hatten. Dieser unterstützte sie als ihr *patronus* mit Geld und anderen Vergünstigungen, lud sie zur Tafel, und dafür bildeten sie seinen Anhang in der Öffentlichkeit und gaben ihm bei Wahlen ihre Stimme. Dann begab er sich aufs Forum, um seine Amtsgeschäfte wahrzunehmen, in den Senat, zu Sitzungen, in Gremien, in späterer Zeit in den Beirat des Kaisers, zu Prozessen als Gerichtsvorsitzender, Anwalt und Verteidiger oder zur Wahlhilfe für Freunde. Abends musste er Einladungen annehmen zum Diner bei einflussreichen Persönlichkeiten oder Gastmähler veranstalten und dabei Kontakte knüpfen und sich über die Politik auf dem Laufenden halten. Er war also von morgens bis abends beschäftigt[116], und das alles in der Toga, dem steifen, unbequemen „Staatsgewand" des Römers. Wann arbeitete man seine Akten durch, bereitete sich auf komplizierte Rechtsfälle vor, schrieb seine Reden, diktierte Briefe? Kein Wunder, wenn Cicero sagte, er habe an seinem Tusculanum eine solche Freude, dass er sich nur rundherum wohlfühle, wenn er hier sei.[117]

So schrieb er an seinen Freund Atticus, den er auch gebeten hatte, ihm schöne Kunstgegenstände zu besorgen. Er will seine Räume im Freien, das Gymnasium[118] und die Akademie, mit Statuen ausstatten, die aber zum Ort, und zu ihm selbst, passen sollen. So lehnt er eine Bacchusgruppe mit Mänaden ab – Minerva, die Göttin der Weisheit und Gelehrsamkeit, ist ihm lieber. Ein Tisch mit einer Sockelverzierung würde ihm aber auch gefallen, mit Löwenfüßen wie im Garten des Vettierhauses? Aber das Finanzielle muss auch beachtet werden. Er hat sich seinerzeit in Sizilien nicht bereichert, hat den hab- und raubgierigen Statthalter Verres bekämpft. Gut, dass der Freund Atticus bisweilen aushilft. Der war nicht nur ein reicher Privatier, Mäzen des Schriftstellers Cicero, er verdankte sein Vermögen zum Teil seinen ertragreichen Gütern in Epirus, beim heutigen Butrint in Albanien, die er offenbar mit Sachverstand verwaltete. In Varros Werk über die Landwirtschaft tritt Atticus auf als Spezialist für Viehzucht![119]

SOMMERHITZE IN ARPINUM

Cicero hält sich gern auf seinem Tusculanum in den Albanerbergen auf, er kann von Rom aus rasch zu einem Besuch aufbrechen; für sein heimatliches, weiter entferntes Arpinum muss er einige freie Tage einkalkulieren, am besten, man schwänzt die Circusspiele. Er schreibt an seinen Bruder Quintus:

Von der schrecklichen Hitze – ich kann mich nicht erinnern, dass es jemals heißer war – habe ich mich an den Feiertagen anlässlich der Spiele in Arpinum erholt. Es war höchst angenehm am Fluss.[120]

Er hat aber dann noch auf den Gütern des Bruders nach dem Rechten gesehen, denn der ist gerade unter Caesars Kommando in Gallien:

Ich habe noch nie einen Platz gesehen, der im Sommer so schön schattig ist. Allerorts sprudelt Wasser, und zwar reichlich – was willst du mehr? [...] Ich bestätige Dir, dass Du einen außerordentlich reizvollen Landsitz haben wirst, wenn noch ein Fischteich und ein Springbrunnen dazukommen sowie ein Sportplatz und ein lauschiges Wäldchen [...] Deinem Gärtner habe ich mein Lob ausgesprochen. Er hat alles so schön mit Efeu umkleidet, die Grundmauern des Hauses wie auch die Säulenzwischenräume in der Wandelhalle, sodass es bald aussieht, als hätten die Philosophenstatuen dort sich auf die Gärtnerei verlegt und wollten Efeu verkaufen. Das Auskleidezimmer ist ganz mit Moos bewachsen und herrlich kühl.

Man kann sich vorstellen, wie Cicero mit seinem Bruder, mit Atticus oder anderen Freunden in solchen Wandelgängen auf und abgeht, hier oder in einer anderen seiner Villen, frei von Geschäften, im bequemen griechischen Gewand, dem Pallium. Er bespricht die Neuigkeiten aus Rom oder nimmt sich auch einmal Zeit für die Familie. Im obigen Brief[121] verspricht er Quintus, sich um dessen Sohn zu kümmern, wenn er *otiosus* ist, Muße hat, das heißt bei einem Aufenthalt auf einer seiner Landvillen. Denn in Rom, so sagt er, kommt man gar nicht zum Aufatmen. Und die unerfreuliche politische Entwicklung macht ihm Sorgen und Unbehagen.

Otium besteht für Cicero in einer kultivierten Atmosphäre – in Gartenanlagen, in denen er soweit wie möglich ungestört ist, sich mit Freunden trifft und philosophische Gespräche führt, die dann ihren Niederschlag in seinen Werken finden. Doch er hat auch Sinn für „Natur", wie aus seiner Liebe zu seinem Arpinum hervorgeht; auch die noch ursprünglichere Umgebung dort wirkt nicht nur erholsam, sondern auch inspirierend auf ihn.

PHILOSOPHIE IM GARTEN

In seinem geliebten Tusculanum veranstaltet Cicero (wohl im Juni 45 v. Chr.) ein mehrtägiges Seminar mit jungen Freunden, wie dem als Redner und Schriftsteller hervorgetretenen Marcus Brutus, dem späteren Caesarmörder. Es wird diskutiert über Grundthemen der menschlichen Existenz, zu denen jeweils die einzelnen Philosophenschulen befragt werden. Aus einigen Rahmenhinweisen können wir entnehmen, dass Cicero seine Sommerakademie mit seinen Freunden und Schülern in den beiden sogenannten Gymnasien abhielt, zwei Gartenanlagen, die er dank Atticus mit Statuen ausgeschmückt hatte (da sie Lyzeum und Akademie hießen, sicher von Aristoteles und Platon). Im Auf- und Abwandeln (*ambulare*) entwickelt sich das Gespräch; in der Mittagspause will man dann etwas für die Gesundheit tun. Man geht wohl zur *palaestra*, dem Sportplatz, wo man Ball spielen kann, oder man ruht sich aus, an einem der Wasserbecken, wie sie jeder Garten hat. Neben den *Tuskulanischen Gesprächen* hören wir noch von einem weiteren „Gartengespräch", das Cicero führte. Ebenfalls auf dem Tusculanum, auf und abspazierend in Gartengelände des Lyzeums, diskutiert Cicero mit seinem Bruder Quintus über die Möglichkeit von Wahr- und Voraussagung.[122]

In eben diesem Werk spricht Cicero auch davon, dass er, unter der Alleinherrschaft Caesars politisch kaltgestellt, nun sein erzwungenes *otium*, seine Muße, als *negotium* ansieht, als den Bereich der Tätigkeit. Er kann nämlich durch seine philosophischen Schriften, die stets auch politisch sind, seinen Mitbürgern nützen, vor allem der Jugend.

MUSSE FÜR DIE MUSEN

Um *otium* und *negotium* geht es auch Plinius dem Jüngeren, dem Neffen und Adoptivsohn des älteren Plinius, der mit seiner *Naturgeschichte* Wertvolles zu Gartenpflanzen aller Art geliefert hat. Einer der berühmtesten Briefe des jüngeren Plinius[123] beschreibt den Tod des Onkels beim Vesuvausbruch 79 n. Chr. Der jüngere Plinius ist um 61 n. Chr. in Comum (Como) in Oberitalien geboren und hatte dort seine Familiengüter. Wie Cicero hat er zwei Existenzen: in der Stadt und auf dem Land, zum Beispiel auf seinen heimischen Ländereien.[124] An einen seiner dortigen Freunde schreibt er:

Was macht Comum, Dein und mein Lieblingsort? Was macht Dein einfach entzückendes Landgut in der Nähe der Stadt? Was die

> *immer frühlingshafte Säulenhalle, der tiefschattige Platanenhain, der Euripuskanal, kristallklar, mit begrünten Ufern, und der nahe, dienstbare See?*[125]

Die Villa, ein *suburbanum*, also ein Landhaus mit Gutsbetrieb nahe bei der Stadt, hat alles, was zu einem eleganten Anwesen gehört: Da ist der Euripus, das lange Wasserbecken, die Säulenhalle, die Platanen. Der Comer See ist bereit für Bootsfahrten oder Fischfang. Alles ist da, und der Freund soll es genießen – aber, so fordert Plinius, nur gewissermaßen als Hintergrundszenerie. Und mit den Pflichten eines Gutsherrn soll er sich gar nicht abgeben, sondern sie delegieren. *Studia* soll er betreiben, der Hauptbegriff des Plinius für eine geistige Tätigkeit des Lesens, Hörens und Schreibens. Der Freund gehört zu den „Hobbyliteraten", die man in Rom bei den häufigen Dichterlesungen antrifft, wie sie auch Plinius selbst, als Vortragender wie als Hörer, oft besucht. Der Freund soll also etwas schreiben; wenn er an der murmelnden Quelle unter der Platane sitzt wie einst Sokrates – er hat sogar einen ganzen Platanenhain –, werden die Musen zu ihm kommen. Was soll es sein? Etwa ein Versepos über die Feldzüge des Kaisers Trajan oder kleine Gedichte, vielleicht sogar auf Griechisch? Er kann auch ein Geschichtswerk in Angriff nehmen, oder seine Reden überarbeiten und veröffentlichen. Bis dies „druckreif" ist, muss er natürlich viel lesen, sich in die Werke der Klassiker seines Genres vertiefen.

Diese Betätigung soll zugleich sein *negotium* und sein *otium* sein! Der Freizeitbereich erhält hier – undenkbar für frühere Zeiten – den gleichen Stellenwert wie die Sphäre der Tätigkeit in den öffentlichen Ämtern. Was sich bei Cicero erzwungenermaßen einstellte, und nicht auf die Dauer, gilt hier als ideale Existenz.

WER SCHREIBT, DER BLEIBT

Warum dieser Wandel? Plinius und viele seiner Zeitgenossen waren zwar als römische Bürger in den öffentlichen Ämtern tätig – Plinius hat zeit seines Lebens verantwortungsvolle Tätigkeiten ausgeübt, war Konsul und Statthalter. Aber er hat das Gefühl, dass ihn diese Tätigkeit nicht mehr ausfüllen kann. Seit der Kaiser die Geschicke des Reiches bestimmt, ist der Handlungsspielraum des Einzelnen eingeschränkt. Plinius hat das Terrorregime Domitians miterlebt, dem manche seiner Freunde zum Opfer fielen. Damals war jede Initiative mit Gefahren verbunden. Jetzt, unter dem *optimus princeps* Trajan ist die Mitarbeit am Staatswesen möglich, ja erwünscht, doch die Zeiten, in denen sich der Einzelne profilieren und durch seine Taten Ruhm und ein ihn überdauerndes Andenken gewinnen kann, sind vorbei.

Und so strebt Plinius danach, durch seine *studia* etwas zu schaffen, das ihm Dauer verleiht. Er überarbeitet seine Reden, die er in Aufsehen erregenden Prozessen gehalten hat, und die Rede zu Ehren Kaiser Trajans, beim Antritt seines Konsulats im Jahr 100 n. Chr. Er gibt sie heraus, und auf Wunsch eines Freundes beginnt er auch seine Briefe zu sammeln und zu veröffentlichen. Sie haben ihm dann wirklich den erwünschten dauernden Ruhm eingebracht. Seine Briefpartner bestärkt er in ihren geistigen Interessen; wenn ihr Ehrgeiz auch nicht so weit geht, sich durchs Schreiben zu verewigen, so lieben sie es doch ebenso wie er, ein *otium* in kultivierter Atmosphäre zu genießen.

DIE VILLA ALS MUSENORT

Plinius besitzt Villen an mehreren Orten in Italien, Streubesitz: Wenn hier die Ernte verhagelt wurde, dort die Trauben schlecht trugen, sah es anderswo vielleicht günstiger aus. Der

Wohlstand des römischen Aristokraten beruhte ja weiterhin auf seinem Grundbesitz und dessen Erträgen; ein Senator oder ehemaliger Konsul machte keine Geldgeschäfte. Freigelassene durften dies tun – wie die Vettier, deren Haus in Pompeji sicher prächtiger war als das Ciceros.

Plinius muss über ererbtes Vermögen verfügt haben, um seine Villen auf dem Land mit dem Luxus auszustatten, den seine Schilderungen belegen. Seine Häuser sind leider nicht mehr vorhanden, ja auch nicht einmal sicher lokalisierbar. Zur Illustration seiner Schilderungen müssen uns die Villen am Golf von Neapel dienen.

Zwei Lieblingssitze hat er besonders ausführlich beschrieben; seine *Tusci*, sein Gut in der Etruskergegend, in der Toscana, und sein Laurentum, etwa 25 km südöstlich von Rom entfernt.[126] Zu diesem kann Plinius, wie Cicero zu seinem Tusculanum, abends nach Erledigung der Tagesgeschäfte noch hinausfahren und die Ruhe und den Meeresblick genießen.

GARTEN IM BILDERRAHMEN

Das Laurentum ist nach Ansicht des Plinius für seine Zwecke geräumig, im Unterhalt aber nicht kostspielig. Was uns auffällt, abgesehen von der Fülle der Räume, die nach der Sonne ausgerichtet sind, ist die Betonung des Ausblicks. Aus Flügeltüren und Fenstern, die bis zum Boden reichen, sieht man hinaus und erblickt die Natur in immer anderen Ausschnitten. Sie ist gerahmt wie ein Bild, so wie sie auch in der Malerei an den Wänden erscheint, wo man die Illusion hat, in andere Räume oder ins Freie, in den Garten hinauszuschauen. Natur wird zur Kunst, sie wird inszeniert als Bühnenbild. Im Laurentum hat man einen, ja mehrere verschiedene Ausblicke auf das Meer und den Garten, der von einer Promenade (*gestatio*) umschlossen wird, die mit Buchsbaum eingefasst ist.

Längs der Innenseite der Promenade schließt sich ein junger, schattiger Weinlaubengang an, auch für bloße Füße weich und elastisch. Der Garten ist dicht bepflanzt mit Maulbeer- und Feigenbäumen. Die Aussicht darauf, die nicht weniger schön ist als der Blick auf das Meer, genießt man aus dem Speisesaal, der vom Meer abgewandt ist. Nach hinten wird er von zwei Zimmern abgeschlossen, unter deren Fenstern die Vorhalle des Hauses und ein weiterer Garten liegt, nämlich ein üppiger ländlicher Küchengarten [...] Von dort erstreckt sich eine Wandelhalle, auf beiden Seiten sind Fenster, zum Meer hin mehrere, zum Garten hin nur einzelne. Vor der Wandelhalle befindet sich eine von Veilchen duftende Blumenterrasse.[127]

Plinius' ganze Liebe aber gehört seinem Gartenpavillon, den er selbst konstruiert hat, wie er betont. Darin kann man Sonnenbäder nehmen, und man hat von allen Seiten verschiedene Ausblicke, aufs Meer, auf die Wandelhalle und die Blumenterrasse. Die Fenster, durch die man die Landschaftsaussichten genießt, besitzen sogar echte Glasscheiben. Im Schlafzimmer ist man völlig abgeschirmt von allem, man hört weder das Rauschen des Meeres, das Brausen der Stürme, und keine Stimmen dringen herein, was besonders angenehm ist während der Festtage der Saturnalien, wenn die Sklaven ausgelassen feiern dürfen. In seiner Zurückgezogenheit stört er dann weder die Vergnügungen seiner Leute noch sie seine Studien.

EIN HAUS IN DER TOSCANA

So schön das Laurentum ist, durch die Nähe zu Rom ist man dort nicht ganz ungestört. Es können doch immer Honoratioren aus der Hauptstadt oder der Umgebung zu Besuch kommen. Das weiter entfernte „Toscana-Haus" hat seine besonderen Vorzüge:

> Es herrscht dort eine tiefere und behaglichere und deshalb unge-
> störtere Ruhe: kein Zwang, die Toga anzulegen, niemand aus der
> Nachbarschaft, der etwas von mir will, alles ist friedlich und still,
> was an sich schon zur Gesundheit der Gegend ebenso beiträgt wie
> der klarere Himmel und die reinere Luft. Dort befinde ich mich in
> einer sehr guten körperlichen und geistigen Verfassung […] Auch
> meine Leute leben nirgends gesünder.[128]

Auch hier gibt es wieder prächtige, zweckmäßig angelegte Räume und kunstvolle Gartenanlagen, lange Promenaden mit „gerahmter Natur", wechselnden Ausblicken, die jeweils durch Buchsbaum abgeteilt sind. Er ist in vielerlei Formen geschnitten und steht in kleinen Pyramiden, abwechselnd mit Obstbäumen. Das ergibt, wie Plinius sagt, mitten in der städtischen Verfeinerung unversehens eine Nachbildung (*imitatio*) von hierher verpflanztem Landleben. Und wenn man die Gegend von einem Berg aus betrachtet, wird man meinen, kein wirkliches Land zu sehen, sondern ein außergewöhnlich schönes Gemälde einer Landschaft. An einer solchen gegliederten Vielfalt kann man sich erfreuen, wohin sich der Blick auch wendet.

SCHWIMMENDES GESCHIRR

Was früher ein exklusiver Luxus war, das Wasser-Triklinium, gehört nun gewissermaßen zum Standard einer vornehmen Villa. So speist man auch bei Plinius zwar nicht im, aber am Wasser:

> Am Kopfende der Promenade wird eine Rundbank aus weißem
> Marmor von Weinlaub bedeckt. […] Aus der Bank fließt Wasser
> in kleinen Röhren hervor, als würde es durch das Gewicht der dar-
> auf liegenden Personen herausgepresst. Es wird in einer steinernen
> Mulde aufgefangen, in einem zierlichen Marmorbecken festgehalten

und auf verborgene Weise so reguliert, dass es das Becken füllt, aber nicht überlaufen lässt. Das Geschirr mit den Vorspeisen und die schweren Gerichte werden auf den Rand gestellt, leichtere schwimmen in Gefäßen in Gestalt kleiner Schiffe und Vögel umher.[129]

EINE KUNST-LANDSCHAFT

Plinius sucht also die Natur als Rückzugsraum, aber nicht ohne Komfort. In seinem Gartenpavillon liegt man, im Schatten eines üppigen Weinstocks, in gedämpftem Licht auf einem Ruhebett und fühlt sich, so sagt er, wie im Wald, nur spürt man nicht wie im Wald den Regen![130]

Die Natur und die Bauten sollen gemeinsam einen ästhetischen Genuss bieten und ein „Gesamtkunstwerk" darstellen.[131] Dazu gehören die Gartenanlagen, die vom Haus selbst gar nicht getrennt sind. Alles geht ineinander über, wie im Gartenpavillon des Toscana-Hauses, der von einer Platane umgrünt und beschattet wird, mit Marmor umkleidet und mit einem Gemälde geschmückt, das Zweige mit darauf sitzenden Vögeln darstellt. Dazu plätschert Wasser aus kleinen Röhrchen in ein Becken. Sind wir im Haus oder im Garten? Das ästhetische Empfinden, das sich hier ausdrückt, entspricht der Illusionsmalerei der Villen am Golf von Neapel.

EDLES NICHTSTUN?

Aus der Schilderung seiner Toscana-Villa scheint man auf ein stetes Dolcefarniente des Besitzers schließen zu können. Doch müssen wir beachten, dass der Brief als Einladung an einen Freund gedacht ist. Da hätte Plinius nichts von Feldbegehung und Rechnungsprüfung schreiben können. Er gibt uns auch einen Abriss seines Tageslaufs im Toscana-Haus[132], und da sieht es etwas anders aus. Mit Tagesanbruch beginnt er die Arbeit an

Haus und Garten werden eins: Illusionsmalerei im Vettierhaus, Pompeji.

seinen Schriften (darunter wohl Gerichtsplädoyers, wozu er in Rom nicht kommt), lässt den Schreiber zum Diktat kommen. Dann gegen zehn oder elf Uhr – es erscheint ihm als Luxus, sich nicht an eine genaue Zeit binden zu müssen – geht er je nach Wetter entweder in den Garten oder in die Wandelhalle, überdenkt sein Pensum und diktiert es ins Reine. Nach der Siesta geht er wieder im Garten spazieren, dann liest er griechische oder lateinische Reden laut, um seine Stimme kräftig zu erhalten. (Es soll auch eine gute Wirkung auf den Magen haben.) Die Hauptmahlzeit ist, wie im Süden üblich, gegen Abend, in kleiner Gesellschaft oder nur mit der Gattin; dazu wird etwas vorgelesen, oder ein Musiker tritt auf; vielleicht trägt er Gedichte von Plinius vor, die seine Frau Calpurnia, kultiviert wie er, vertont hat. Danach wieder ein Spaziergang im Garten, „mit meinen Leuten", sagt Plinius, wie er, seiner humanen Einstellung gemäß, seine Sklaven oder Freigelassenen immer nennt. Er fügt hinzu, es gäbe unter diesen auch literarisch Gebildete, falls der Briefempfänger die Nase rümpfen sollte. Mitunter gestaltet sich der Tagesablauf etwas anders, wenn Freunde oder Gutsnachbarn kommen. Auch seinen Pächtern und Verwaltern widmet er Zeit – freilich niemals genügend, wie diese sich beklagen. Da wünscht er sich wieder an seine Studien zurück, ja sogar an die Tätigkeit in der Stadt. Aus anderen Briefen wissen wir freilich, dass sich Plinius durchaus auch mit der Bewirtschaftung seiner Güter, mit Pachtverträgen und Ernteaussichten beschäftigt hat. Natürlich auch mit der Weinlese, aber da zeigt er sich eher als „Hobbywinzer":

Ich selbst bin gerade mit der Weinlese beschäftigt, die zwar dürftig, aber doch noch reicher ist, als ich erwartet hatte – wenn das Weinlese ist: ab und zu eine Traube abzupflücken, die Kelter zu beaufsichtigen, den Most aus der Kufe zu kosten, das Gesinde aus der Stadt zu überwachen, das jetzt die Aufsicht hat über die Landarbeiter und mich den Schreibern und Vorlesern überlassen hat.[133]

Ist die Weinernte wirklich schlecht ausgefallen, gibt es noch weniger für ihn zu tun, und er kann sich seinen geliebten Studien widmen. So verspricht er einem Freund, ihm anstelle des neuen Mostes seine neue Verschen zu schicken, aber erst, wenn sie, wie der Most, ausgegoren sind.

Freilich hören wir auch anderes: Plinius hat seine Weinernte am Stock verkauft, der Ertrag entsprach aber nicht den Erwartungen der Händler. So gewährt er einen Nachlass und bemüht sich dabei um eine gerechte Abfindung, je nachdem wie viel die einzelnen als Anzahlung geleistet hatten: eine komplizierte Rechnung, die ihn teuer zu stehen kommt, aber allgemein gelobt wird.

Wenn Plinius also in manchen Briefen seine landwirtschaftliche Tätigkeit in urbanem Ton etwas herunterspielt, so hat er sie doch keineswegs vernachlässigt, wie auch die anderen Gutsherren in dieser Gegend, die einst von den Etruskern mit Entwässerungsanlagen versehen worden war und die weiterhin gewartet werden mussten. Als die Zeitläufte dies nicht mehr zuließen, verlor die Gegend die von Plinius gerühmte Gesundheit; die Malaria breitete sich aus.

GARTENLUST FÜR JEDERMANN

Das Ideal der Villa als Musenort aber blieb erhalten, in den Villen, wie sie Palladio, der bedeutendste Architekt der Renaissance, im Geist der Antike erbaute, mit Ausblicken und gepflegten Gartenanlagen, wo man Erbauung suchte und Erholung fand, ebenso wie in den Medici-Villen bei Florenz, wo der Humanist Marsilio Ficino die Werke Platons ins Lateinische übersetzte – unter einer Platane?

Sehnsucht nach den Gärten der Antike: das Achilleion, die Parkanlage der Kaiserin Elisabeth auf Korfu.

Und die Gärten und Parks, mit Wasserspielen, Statuen, Blumenrabatten und Ausblicken sind von weltlichen wie geistlichen Herren zu Schöpfungen der Gartenkunst erhoben worden. Sie sind, sorgsam gepflegt, heute beliebte Rückzugsgebiete für gestresste Großstädter.

Doch nicht nur schattige Bäume, Wiesen und Blumenbeete sind gefragt; es gibt auch thematische Gärten: Generationengärten für Kinder, Eltern und Großeltern, den Sinnesgarten für Senioren, der mit dem Anblick und dem Duft von Blumen und Kräutern bei alten Menschen die Sinne und verschüttete Erinnerungen zu wecken vermag. Erinnerungen nachgehen kann man auch in einem Trauergarten, auf dessen Wegen man im Einklang mit der Natur im Jahreskreis aus der Trauer wieder ins Leben zurückfindet.

Und dann gibt es neben den privaten Paradiesen auch Gärten, wo Gemüse und Obst von jedermann angebaut werden kann, im altbewährten Schrebergarten, aber auch in neuen Formen von Gemeinschafts- oder Stadtteilgärten. Und auch die Reben werden weiterhin gepflegt. Man verkostet nicht nur in gepflegtem Ambiente den neuen Wein; im Winzerurlaub helfen viele Wein- und Naturliebhaber bei der Traubenlese in Gebieten, wo Hand- statt Maschinenarbeit gefragt ist.

Ob Rosen oder Reben, Gemüse oder Obst, Vergil hat recht, wenn er sagt, dass sich im Kreislauf des Jahres die Arbeit in Feld und Garten stets wiederholt – aber vielleicht ist das ja gerade das Schöne daran.

Wer hier wohnt, liebt die Natur ebenso wie Kunst und Kultur.
Wandmalerei aus der Casa del Bracciale d'Oro, Pompeji.

ANHANG

ANMERKUNGEN

1 Fürst Leopold Friedrich Franz von Anhalt-Dessau hatte 1758 seine barocken Park- und Gartenanlagen mit englischer Gartenkultur und Architektur zu einem einmaligen Ensemble verbunden, das heute zum Weltkulturerbe gehört. Landgraf Karl von Hessen-Kassel erbaute 1701–1718 als Krönung der Parkanlagen um das Schloss Wilhelmshöhe den Herkules mit Oktogon und Kaskaden, ebenfalls der Aufnahme ins Weltkulturerbe würdig.

2 Die Äpfel in der Hand eines Herrschers sind noch zu sehen an der Büste des Kaisers Commodus (180–192 n. Chr.), der sich als Inkarnation des Herkules darstellen ließ, mit Löwenfell und Keule, wie er auch in der Arena als Kämpfer auftrat (natürlich mit Sicherheitsbeamten). Die Äpfel, ebenso wie ein Füllhorn, symbolisieren die Segnungen eines goldenen Zeitalters, das er, der missratene Spross des Philosophenkaisers Marc Aurel, angeblich seinen Untertanen brachte. Spätere Kaiser hielten mitunter einen Granatapfel in der Hand; dessen unzählbare Kerne sollten die ebenso unzählbaren Wohltaten des Herrschers symbolisieren (vgl. Dürers Porträt des Kaisers Maximilian I.).

3 Chorlied aus Euripides' Tragödie Herakles, 394–399.

4 4, 1432–1449.

5 Vgl. Hdt. 4,145–149; 150–154, Pind. Pyth. 4 (Ode auf den Sieg des Königs von Kyrene im Wagenrennen bei den Pythischen Spielen).

6 Hom. Od. 5,55–76.

7 Od. 7,114–131. – Telemach in Sparta: Od. 4,600–608.

8 Vgl. Martials Preis seines „kleinen spanischen Königreiches" hier S. 88f.

9 Od. 24,226–234.

10 Luk. 23,43; 2 Kor 12,4., Apk. 2,7.

11 Hdt. 7,31.

12 Xen. oik. 4,20–25. Xenophons *Anabasis* beschreibt den Feldzug. Die Anekdote auch bei Cic. Cato 59.

13 Vgl. K. Brodersen, *Die sieben Weltwunder: legendäre Kunst- und Bauwerke der Antike*. München 1996, S. 47–57 und K. B., *Reiseführer zu den Sieben Weltwundern*. Philon von Byzanz und andere antike Texte. Zweisprachige Ausgabe. Frankfurt/Leipzig 1992, S. 23f.

14 Strabon 16,1,5 (738). Übers. K. Brodersen, *Die Sieben Weltwunder* (s. Anm. 13), S. 50.

15 Sammuramat, babylonische Prinzessin und assyrische Königin, Gattin des Königs Ninos, tatkräftige Herrscherin, der auch der Bau der Mauern zugeschrieben wird, wohl um 782 v. Chr. gest.

16 Vgl. A. Demandt, *Alexanders Rückkehr nach Babylon*, in: A. D., *Sternstunden der Geschichte*. München ²2004, S. 27–46; A. D., *Alexander der Große. Leben und Legende*. München 2009. – Alexander und das „Paradies" ebd. u. a. S. 297ff.

17 Arrian anab. 7,25,3ff.

18 Sappho 5/6D = 2 Voigt. Vgl. M. Giebel, *Sappho*. Reinbek ⁷2002, S. 69.

19 Vgl. Plutarch, Lebe im Verborgenen. Hrsg. von U. Berner u. a. Darmstadt ²2001, S. 59; 148.

20 Plut. Alex. 7. Der Ort Miëza ist archäologisch nicht genau zu lokalisieren.

21 Platon leg. 1,625a–c; Cic. leg. 1,15.

22 Platon, Phaidros 230bc. Cicero und seine Gesprächspartner erinnern sich daran, als sie in seiner Heimat Arpinum in einer ähnlich idyllischen Gegend sitzen (leg. 2,1–7.). – Zur Topographie vgl. E. Melas, *Athen*. Köln (Dumont) ⁷1992, S. 216f.

23 Cic. de or. 1,24, 28f.

24 J. M. Camp, *Die Agora von Athen*. Mainz 1989, S. 96f.

25 Hdt. 8,55.

26 Vgl. M. Giebel, *Das Geheimnis der Mysterien. Antike Kulte in Griechenland, Rom und Ägypten*. Düsseldorf/Zürich ²2000, S. 17–53.

27 Vgl. E. Melas, *Delphi*. Köln (Dumont) 1990, S. 54–56.

28 Vgl. F. R. Scheck, *Jordanien*. Köln (Dumont) ⁴1989, S. 160; 179–182.

29 E. Gründel/H. Tomek, *Süditalien*. Köln (Dumont) ²2000, S. 133.

30 Herodot, der dies erzählt (8,138) lokalisiert die Gärten in Makedonien.

31 Musaios, *Hero und Leander*, übers. von M. Giebel. Frankfurt/Leipzig 2009, S. 10f.

32 Plin. nat. 18,20. Vgl. auch Liv. 3,26; Cic. Cato 55f.

33 So Plutarch, Cato Maior 2 und Vergleichung Kap. 4; Seneca ad Helv. 10,8. Nach Seneca de prov. 3,6 war es C. Fabricius Luscinius, der mit seiner Rübenmahlzeit am Herd saß. Fabricius und Curius treten oft gleichsam als Zwillingsfiguren in Beispielreihen für altrömische Einfachheit und Unbestechlichkeit auf, vgl. Cic. rep. 3,40; Lael. 18; 28; 39.; Cato 55f; parad. 1,12. Vgl. auch Val. Max. 4,3,5.

34 M. Porcius Cato Maior, Cato der Ältere (zur Unterscheidung von seinem Urenkel Cato dem Jüngeren, 95–46 v. Chr.), 234–149 v. Chr., mit dem Beinamen Censorius wegen der strengen Ausübung seines Amtes als Zensor 184. Konsul 195, Vorbildgestalt für römische *virtus:* Sittenstrenge und Pflichtbewusstsein, die er in seinen Staatsämtern

übte. Schon siebzehnjährig kämpfte er im Zweiten Punischen Krieg gegen Hannibal. Als Feldherr war er erfolgreich gegen König Antiochos III. von Syrien. Auch als Redner vor Gericht und im Senat war er bedeutend, sowie als Schriftsteller. Titelfigur in Ciceros *Cato maior de senectute* – *Über das Alter*. Vgl. die Würdigung bei Livius 39,40.

35 *Latifundium:* der Großgrundbesitz. Vgl. G. Tibiletti: *Die Entwicklung des Latifundiums in Italien von der Zeit der Gracchen bis zum Beginn der Kaiserzeit*. In: H. Schneider (Hrsg.): *Zur Sozial- und Wirtschaftsgeschichte der späten römischen Republik*. Darmstadt 1976, S. 11–78, bes. S. 20–28.

36 Cato agr. 1ff. (Vorrede). Übers. jeweils von H. Froesch (Reclam). Vgl. Plin. nat. 18,26ff.; Cic. Cato 51; de off. 1,151.

37 Cato agr. 46; 26, S. 68ff.; S. 51; 71 Reclam.

38 Cato agr. 27; 114; 121, S. 53; 125; 131 Reclam.

39 Über Wein und Oliven vgl. Cato agr. 21–36, S. 39–63 Reclam.– Buch 14 des Plinius handelt vom Weinstock und vom Wein, dt. in: Plinius der Ältere, Historia Naturalis. Eine Auswahl aus der „Naturgeschichte" von Michael Bischoff. Nördlingen 1987, S. 173-191. – Zum Wein vgl. auch J. André, *Essen und Trinken im alten Rom* S. 140–154.

40 Cato agr. 169, S. 195f. Reclam.

41 Plutarch tadelt Cato, dass er seine alten Sklaven verkaufte und sein Dienstpferd am Einsatzort zurückließ, vgl. Plut. Cato mai. 5. Vgl. M. Giebel, *Tiere in der Antike*. Darmstadt 2003, S. 203f.

42 Cato agr. 165a; 165b, S. 181–193 Reclam. – Auch Plinius schätzt den Kohl: nat. 20,33.

43 Plut. Cato mai. 23. Cato über die Ärzte: bei Plinius nat. 29,14–17, s. Anm. 96.

44 Cato agr. 10,2, S. 25ff. Reclam.

45 Plut. Cato mai. 27.– Zu dem Zitat in seiner lateinischen Fassung vgl. S. Thürlemann: „*Ceterum censeo Carthaginem esse delendam*". In: Gymnasium 81, 1974, S. 465–475.– „Der bekannteste AcI der lateinischen Sprache": S. H. Sonnabend (s. Anm. 46) S. 141.

46 Varro rust. 1,1,10; Plin-nat. 18,35. H. Sonnabend, *Wie Augustus die Feuerwehr erfand. Große Errungenschaften der Antike*. Landwirtschaft: Cato. Düsseldorf/Zürich 2002, S. 132–141, hier S. 140f.

47 Cic. Cato 51ff. Vgl. Cicero, *Keine Angst vor dem Älterwerden* (Cicero: Cato Über das Alter, übers. von M. Giebel, Stuttgart 2010 (Reclam).

48 Wie bei Plutarch und Quintilian.

49 Cic. Cato 56f.

50 308 n. Chr. Vgl. Epitome de Caesaribus 39,6.

51 Nepos nennt ihn einen *sollers agricola*, d. h. einen tüchtigen, geschickten und erfindungsreichen Landwirt (Cato 3,1). Bei Quintilian ist er *rerum rusticarum peritissimus*, der größte Kenner der Landwirtschaft (inst. 12,11,23).
52 Vgl. H. Sonnabend (s. Anm. 46), S. 140.
53 Vgl. App. Mithr. 12,111; s. auch Plutarchs Lebensbeschreibungen des Lucullus und Pompeius. Zur königlichen Giftmischerei vgl. H. Sonnabend (s. Anm. 46), S. 148.
54 Plut. Luc. 39.
55 Plut. Luc. 41.
56 Hor. sat. 1,8,8–16.
57 Plut. Brut. 20.
58 Hor. carm. 3,29.
59 Plin. nat. 19,177.
60 Suet. Nero 38, Tac. ann. 15,39; 42.
61 Tac. ann. 11,1–3.
62 Hor. carm. 2,15,1–16.
63 Hor. sat. 1,6.
64 Hor. sat. 2,6,1–5. Übers. Chr. M. Wieland, Satiren Zweyter Theil S. 186ff.
65 Maia: Tochter des Atlas, Mutter des Hermes-Merkur von Zeus. Merkur war der Gott des Gewinns und Handels, aber als griechischer *Hermes lógios* auch der Gott der geistigen Eingebung. So soll er Horaz als seinem Schützling den rechten, d. h. geistigen Gewinn aus seinem Gut gewährleisten.
66 Vgl. M. Giebel (2007), S. 82ff.
67 Vgl. die sogenannte Schwätzersatire sat. 1,9, die Übersetzung Wielands, Erster Theil S. 264ff.
68 Pythagoras hatte gelehrt, dass die Bohne zugleich mit den Menschen entstanden sei und verboten, sie zu essen. Bohneneintopf war aber in Rom ein beliebtes Essen, zumal der ärmeren Leute.
69 Hor. sat. 2,6,60ff. Übers. Chr. M. Wieland.
70 Hor. carm. 3,13, epist. 1,16,12ff.
71 Hor. epist. 1,16. Vgl. N. Holzberg, Horaz. Dichter und Werk. München 2009, S. 19: „Horaz gibt so gut wie keine Beschreibung seines Landgutes, da ihm offenbar vorrangig daran liegt, es als eines von mehreren Symbolen für die von ihm gewählte Lebensform in seinen poetischen Diskurs zu integrieren." Vgl. auch ebd., S. 200f. zu epist. 1,16.
72 Chr. M. Wieland Zweyter Theil (Satiren Buch 2), S. 185.

73 Vgl. Cic. leg. 2,1–3.
74 Verg. ecl. 7,10–13. Vgl. M. Giebel (2007), S. 55ff.
75 Vgl. M. Giebel, *Vergil*. Reinbek ⁶2004, S. 34ff.
76 Donat- bzw. Suetonvita (VSD) 27. – Vgl. M. Giebel, *Augustus*. Reinbek ⁸2006, S. 55ff.
77 Verg. georg. 2,367–370, Ovid Met. 14,663–666.
78 Verg. georg. 1,121–124, 145f. Übers. N. Holzberg. Vgl. N. H., *Vergil. Der Dichter und sein Werk*. München 2006, S. 102; zu den Georgica ebd.: *Das Lehrgedicht vom Landbau*, S. 91–128. Vgl. auch M. Fuhrmann, *Fluch und Segen der Arbeit. Vergils Lehrgedicht von der Landwirtschaft in der europäischen Tradition*. In: Gymnasium 90, 1983, S. 240–257; W. Stroh, *Labor improbus. Die Arbeit im antiken Rom*. In: W. St., *Apokrypha. Entlegene Schriften*, hrsg. von J. Leonhardt und G. Ott, Stuttgart 2000, S. 13–27; A. Demandt, Philosophie der Arbeit, in: A. D. Sieben Siegel. Essays zur Kulturgeschichte, Köln u. a. 2005, S. 292–309; G. Vögler (1999) S. 100–112.
79 Milton hat in seinem Epos *Paradise Lost* die vergilische Arbeitsauffassung eingebracht. Adam nimmt die Strafe an, die Arbeit wird ihn erhalten. Vgl. M. Fuhrmann (vgl. Anm. 78) S. 257.
80 Verg. georg. 2,458–540; die Sabiner: 2,532.
81 Verg. georg. 4,116–124.
82 Verg. georg. 4,125–148.
83 Plut. Pomp. 28.
84 Colum. 10,35ff.
85 Colum. 10,68; vgl. Verg. georg. 1,145f. – Das Folgende Colum. 10,94ff.
86 Colum. 10,292–310.
87 Plin. nat. 21,14–21, dort im Folgenden auch über andere Blumen. Vgl. die Tusculum-Ausgabe des Plinius mit Erläuterungen.
88 Hist. Aug. Lampr., Antoninus Heliogabalus 19,7; 20,5. Vgl. auch das Gemälde von L. Alma-Tadema, Die Rosen des Heliogabalus, 1888.
89 Verg. Aen. 6,883.
90 Martial, Epigramme: Gastgeschenke B. 13,127.
91 Athenaios von Naukratis, Das Gelehrtenmahl B. 5,206d–209b.
92 Vgl. J. W. Mayer/Chr. Winkle, Umland der Stadt Rom. Mainz 2010, S. 62f. (Zaberns Kulturführer zur Geschichte und Archäologie, hrsg. von H. Sonnabend und Chr. Winkle).
93 Vgl. auch das Kapitel über das Gemüse in J. André, *Essen und Trinken im alten Rom*. S. 17–41 sowie das Kochbuch des Apicius: Marcus Gavius Apicius, De re coquinaria – Über die Kochkunst, lat./dt. hrsg. von R. Maier. Stuttgart 1991.

94 Colum. 10,105–109: Ovid, ars am. 2,419–424.
95 Vgl. G. E. Thüry, *Rosen für Carnuntum*. Nach antikem Vorbild werden in der Carnuntiner Zivilstadt Gärten angelegt. In: Antike Welt 3/2005, S. 17–21, mit Pflanzentabelle nach Dioskurides S. 20.
96 Vgl. Plinius der Ältere, Naturalis historia – Naturgeschichte (Auswahl, hrsg. M. Giebel), S. 104–107; zur Heilkunst und den Ärzten S. 113–127.
97 Colum. 10,351–354. – Pallasgabe: Der Ölbaum war das Geschenk Pallas Athenes an Athen und Attika, vgl. hier S. 26.
98 Colum. 10,430–432.
99 Vgl. S. 22f.
100 Zitiert bei A. Birley, Mark Aurel. München ²1977, S. 133–137. – Vgl. auch E. Stärk, *Vindemia:* Drei Szenen zu den Römern auf dem Lande. in: Gymnasium 97, 1990, S. 193–211 (zu Mark Aurel S. 196–204).
101 Vgl. Cicero zum Vergnügen: „Stillsitzen kann ich einfach nicht", übers. und hrsg. von M. Giebel. Stuttgart 1997, S. 154–158.
102 Varro rust. 2,1–3.
103 Vgl. M. Giebel, *Tiere in der Antike:* S. 142–151. – Colum. 8,16,5ff.
104 Hortensius bei Varro rust. 3,13,2f. – Th. Fontane, *Unwiederbringlich*, Kap. 14. Die Hirsche gibt es im Tiergarten von Schloss Eremitage immer noch.
105 Colum. 8,11,1; das Folgende 8,11,17.
106 Vgl. M. Giebel, *Tiere in der Antike: Tiere in der römischen Landwirtschaft und in der Küche*, S. 135–143. Zu Varros Vogelhaus ebd. S. 138f.
107 Varro rust. 3,5,8–17. Vgl. H. Stierlin, *Imperium Romanum* Bd. I. Köln 1996: *Varros Voliere – eine Vorform des Teatro Marittimo*, S. 180–181 (hier auch zum technischen Apparat in der Kuppel sowie eine Grundriss- und Rekonstruktionszeichnung). Vgl. auch D. Flach, Varros Vogelhaus, in: Gymnasium 111, 2004, S. 137–168, mit Übersetzung.
108 Plin. epist. 1,24.
109 Mart. Epigr. 12,31.
110 Vgl. das Haus des M. Loreius Tiburtinus in Pompeji, mit dem größten und repräsentativsten erhaltenen Garten, vgl. die Abb. in A. G. McKay (1984), S. 53 und S. 55, das Haus der Vettier.
111 H. Mielsch, *Die römische Villa als Bildungslandschaft*. In: Gymnasium 96, 1989, S. 444–456. – Zu den Gartenbanketten vgl. S. R. Stehmeier, *Picknick auf pompejanische Art*. In: Antike Welt 3/2006, S. 41–47.
112 Cic. leg. 2,1.
113 Mart. Epigr. 4,44. Vgl. auch Abb. S.79

114 Hist. Aug. Spart. Hadrianus 26,5.

115 In der Ägyptischen Sammlung in München, ein Kopf auch in der Glyptothek.

116 Das größte Arbeitspensum hatte natürlich ein Kaiser: Vgl. J. Fündling, *Kaiser von morgens bis abends*. Ein Tag an der Spitze des Römischen Reiches. Darmstadt 2009.

117 Die folgenden Zitate aus: „Stillsitzen kann ich einfach nicht" Cicero zum Vergnügen (vgl. Anm. 101), S. 74ff.

118 Gymnasion war ursprünglich der Sportplatz, wo junge Männer trainierten. Da sich dort auch ernsthafte Gespräche unter den Zuschauern entwickelten, wie zumindest Platon es darstellt, wurde das Gymnasion zu einer „Bildungsstätte". Vgl. dazu Cic. de or. 2,19f. – In der römischen Villenarchitektur war *gymnasium* eine Gartenanlage mit Bildungsanspruch; Cicero hatte zwei Gymnasien auf seinem Tusculanum, die er Lyceum (nach Aristoteles) und Akademie (nach Platon) nannte.

119 Varro rust. 2,2,2–20 (Text b. Flach S. 83, Übers. S.140ff.).

120 Cic. ad Q. fr. 3,1, s. Cicero zum Vergnügen S. 79f.

121 Cic. ad Q. fr. 3,1,7.

122 Cic. de div. 1,8. – Vgl. auch M. Giebel (2007): *Cicero in Tusculum*, S. 34–51.

123 Plin. epist. 6,16.

124 Vgl. M. Giebel (2007): *Plinius der Jüngere in Como,* S. 211–229.

125 Plin. epist. 1,3.

126 Plin. epist. 5,6 und 2,17.

127 Plin. epist. 2,17,15–17.

128 Plin. epist. 5,6,45f.

129 Plin. epist. 5,6,36f.

130 Plin. epist. 5,6,39.

131 Vgl. G. Vögler (1997), S. 126f.

132 Plin. epist. 9,36.

133 Plin. epist. 9,20; 9,16; 8,2.

LITERATURVERZEICHNIS

Zitierte Quellen mit Übersetzungen

Apollonios Rhodios, Die Argonauten. Verdeutscht von Thassilo von Scheffer. Wiesbaden 1947.

Athenaios von Naukratis, Das Gelehrtenmahl. Aus dem Griechischen von Ursula und Kurt Treu. Leipzig 1985.

Cato, De agri cultura – Über die Landwirtschaft. Lat.-dt. übers. und hrsg. von Hartmut Froesch. Stuttgart 2009.

Cicero [Auswahl] in: Cicero zum Vergnügen: „Stillsitzen kann ich einfach nicht." Übers. und hrsg. von Marion Giebel. Stuttgart 1997, ²2004.

Columella, Zwölf Bücher über Landwirtschaft. Lat.-dt. übers. und hrsg. von Will Richter. München-Zürich 1982.

Euripides, Herakles. In: Sämtliche Tragödien Bd. 1, übers. von Johann Jacob Donner. Stuttgart 1958.

Historia Augusta – Römische Herrschergestalten Bd. 1: Von Hadrianus bis Alexander Severus. Übers. von Ernst Hohl. München/Zürich 1976.

Homer, Odyssee. Übers. und hrsg. von Roland Hampe. Stuttgart 1979 u. ö.

Horaz, Satiren: Horazens Satiren aus dem Lateinischen übersetzt und mit Einleitungen und erläuternden Anmerkungen versehen von Christoph Martin Wieland. Leipzig 1804.

Martial, Epigramme. Lat.-dt. ausgewählt, übers. und hrsg. von Niklas Holzberg. Stuttgart 2008.

Plinius der Ältere, Naturkunde. Lat.-dt. in 37 Bänden, hrsg. und übers. von Roderich König. B. 12–27: Botanik, Heilmittel aus Pflanzen. Düsseldorf/Zürich/Darmstadt 1977ff.

Plinius der Ältere, Naturalis historia – Naturgeschichte. Lat.-dt. ausgewählt, übers. und hrsg. von Marion Giebel. Stuttgart 2005.

Plinius [der Jüngere], Epistulae – Sämtliche Briefe. Lat.-dt. übers. und hrsg. von Heribert Philips und Marion Giebel. Stuttgart 1998, 2010.

Plutarch, Lebensbeschreibungen. Übers. von Johann Friedrich Kaltwasser, bearb. von Hanns Floerke. München 1964.

Sueton, Nero. Lat.-dt. übers. und hrsg. von Marion Giebel. Stuttgart 1978.

Varro: Marcus Terentius Varro, Gespräche über die Landwirtschaft. Lat.-dt. hrsg., übers. und erläutert von Dieter Flach. 3 Bde. Darmstadt 1997. [Jetzt in einem Band: Varro, Über die Landwirtschaft. Darmstadt 2006.]

Vergil, Bucolica. In: Landleben. Bucolica – Georgica – Catalepton. Lat.-dt. übers. und hrsg. von Johannes und Maria Götte. München ⁴1981.

Vergil, Georgica – Vom Landbau. Lat.-dt. übers. und hrsg. von Otto Schönberger. Stuttgart 1984, 2010.

Übersetzungen ohne Angabe stammen von der Autorin

Ausgewählte Literatur

Jacques André, Essen und Trinken im alten Rom. Stuttgart 1998.

Hellmut Baumann, flora mythologica. Griechische Pflanzenwelt in der Antike. Kilchberg (CH) 2007.

Silke Diederich, Römische Agrarhandbücher zwischen Fachwissenschaft, Literatur und Ideologie. Berlin/New York 2007.

Robert Etienne, Pompeji. Das Leben in einer antiken Stadt. Stuttgart 1974.

Dieter Flach, Römische Agrargeschichte. München 1990.

Dieter Flach, Varros Vogelhaus. Wohlleben im Landleben. In: Gymnasium 111, 2004, S. 137–168.

Rainhard Förtsch, Archäologischer Kommentar zu den Villenbriefen des jüngeren Plinius. Mainz 1993.

Andres Furger, Übrigens bin ich der Meinung … Der römische Politiker und Landmann Marcus Cato zu Olivenöl und Wein. Mainz 2010.

Marion Giebel, Dichter Kaiser Philosophen. Ein literarischer Führer durch das antike Italien. Stuttgart 1995, 2007.

Marion Giebel, Reisen in der Antike. Düsseldorf/Zürich 2002, 2005.

Marion Giebel, Tiere in der Antike. Darmstadt 2003.

Marion Giebel, Vergil. Reinbek ⁶2011.

Gerd Hagenow, Aus dem Weingarten der Antike. Der Wein in Dichtung, Brauchtum und Alltag. Kulturgeschichte der Alten Welt Bd. 12. Mainz 1982.

Eckard Lefèvre, Plinius-Studien I: Römische Baugesinnung und Landschaftsauffassung in den Villenbriefen. In: Gymnasium 84, 1977, S. 519–541. – Plinius-Studien III: Die Villa als geistiger Lebensraum. In: Gymnasium 94, 1987, S. 247–262.

Eckard Lefèvre, Vom Römertum zum Ästhetizismus. Berlin/New York 2009 (Beiträge zur Altertumskunde Bd. 269).

Holger Lund, Im Garten der Nymphen. Eine kleine Mythologie der Pflanzen. Düsseldorf 2007.

Alexander G. McKay, Römische Häuser, Villen und Paläste. Dt. Ausg. bearbeitet und erweitert von Rudolf Fellmann. Luzern/Herrsching 1984.

Harald Mielsch, Die römische Villa. Architektur und Lebensform. München ²1997.

Harald Mielsch, Traditionelle und neue Züge in den Villen des Plinius. In: Luigi Castagna/Eckard Lefèvre (Hrsg.), Plinius der Jüngere und seine Zeit. München/Leipzig 2003, S. 317–324.

Fridolin Reutti (Hrsg.), Die Römische Villa. Darmstadt 1990.

Ernst August Schmidt, Sabinum. Horaz und sein Landgut im Licenzatal. Heidelberg 1997.

Otto Eduard Schmidt, Ciceros Villen. Darmstadt 1972, ¹1899.

Karl Josef Strank/Jutta Meurers-Balke (Hrsg.), „ … dass man im Garten alle Kräuter habe…". Obst, Gemüse und Kräuter Karls des Großen. Mainz 2008.

Gabriele Uerscheln, Meisterwerke der Gartenkunst. Stuttgart 2006.

Gabriele Uerscheln/Michaela Kalusok, Wörterbuch der europäischen Gartenkunst. Stuttgart ³2009.

Virgilio Vercelloni/Matteo Vercelloni, Geschichte der Gartenkultur. Von der Antike bis heute. Darmstadt 2010.

Gudrun Vögler, Öko-Griechen und grüne Römer? Düsseldorf/Zürich 1997.

Walahfried Strabo, De cultura hortorum – Über den Gartenbau. Lat.-dt. übers. und hrsg. von O. Schönberger. Stuttgart 2002.

BILDNACHWEIS

S. 11: Andreas Weber, Motivschmiede Kassel; S. 19, 28: picture-alliance; S. 31: Uwe A. Oster; S. 37: nach: K.-W. Weeber, Luxus im alten Rom, Darmstadt 2006; S. 40, 51: picture-alliance; S. 57: Ernst Haidle, Pullach; S. 70: nach: Vercelloni, Geschichte der Gartenkultur, Darmstadt 2010; S. 71, 83: nach: Weeber 2006; S. 87, 91: nach: Vercelloni 2010; S. 92: picture-alliance; S. 96: akg-images; S. 114: Angelika Mugler, Grünwald; S. 116/117: nach: Weeber 2006; alle anderen Bilder: Marion Giebel.

Verlag und Autorin danken allen Leihgebern für die Bereitschaft, Bildmaterial für diese Publikation zur Verfügung zu stellen. Leider war es nicht in allen Fällen möglich, die Inhaber der Urheberrechte zu ermitteln. Etwaige Ansprüche kann der Verlag bei Nachweis geltend machen.

ZUR AUTORIN

Dr. Marion Giebel ist klassische Philologin und tätig als freie Autorin mit dem Ziel, die Antike einem interessierten Publikum nahezubringen. Veröffentlichungen: Zahlreiche Textausgaben antiker Autoren, meist zweisprachig bei Reclam (Cicero, Livius, Velleius Paterculus, Seneca, Plinius d. Ä., Plinius d. J., Sueton u. v. m.), Biographien über Cicero, Vergil, Augustus, Ovid, Seneca, Sappho (rowohlts monographien) und Kaiser Julian Apostata. Sachbücher u. a.: *Das Geheimnis der Mysterien. Antike Kulte in Griechenland, Rom und Ägypten, Das Orakel von Delphie, Träume in der Antike, Reisen in der Antike, Tiere in der Antike, Dichter. Kaiser. Philosophen. Ein literarischer Führer durch das antike Italien.* Vortragstätigkeit (VHS, Kulturkreise), regelmäßige Rundfunkbeiträge.